特別支援教育の
授業づくり46の
ポイント

太田正己著

黎明書房

まえがき

　教師の仕事は，だれにもはできない授業という専門の仕事によって，子どもの持っている無限の可能性を引き出す仕事である。こう言い放ったのは，すぐれた教育実践家であった斎藤喜博氏である。いまから半世紀ほど昔のことである。斎藤氏のこの発言は，もちろん今日の特別支援教育を念頭においたものではない。しかし，その授業を受けた子どもの中には，いまいうところの，LDやADHDという特別支援教育の対象の子どもがいたかもしれない。

　「だれにもはできない授業という専門の仕事」をどれほどの教師がおこなっているであろうか。そんな仕事をするためには，教師にとってどのような経験が必要なのであろうか。教師は，どのような視点を持って，日々の教育実践を重ねていけばよいのだろうか。授業という専門の仕事をするためには，何が重要なことであるのだろうか。

　私は，ここ20年近く，主に養護学校や障害児学級の教育現場に出かけていき，先生方と授業研究会に参加し，授業づくりに加わってきた。授業研究やその方法を研究することが，私の仕事の中心になってきた。この仕事を通して「教師は授業の専門家だ」ということを考えてきたのである。

　本書では，この授業研究者の経験と障害児教育の15年近い自らの教

師経験を合わせて、私の30年あまりの授業とのかかわりから得たことをもとに、特別支援教育の授業づくりのポイントを46項目に分けて書いたものである。

　昨今、教師の専門性が問われている。教師はそれに答えることが必要である。

　「教師は専門家だ」と胸を張るためには、「だれにもはできない授業という専門の仕事」をすることである。

　本書がこの手助けになれば、幸いである。

　平成18年5月

　　　　　若葉が萌え出でる大和路を車窓に眺めながら

　　　　　　　　　　　　　　　　　　　　　筆者記す

目　次

まえがき　*1*

1　特別支援教育の教師の専門性　*7*

ポイント①　授業の専門家になる　*11*
ポイント②　自信をもって授業づくりをする　*13*
ポイント③　勝負強い教師になる　*14*
ポイント④　自己教育力を刺激する　*16*

2　特別支援教育の教材づくり　*20*

ポイント⑤　教材によって指導する　*21*
ポイント⑥　教材の意味や価値を価値的に構成する　*23*
ポイント⑦　授業は自己創出の過程である　*25*
ポイント⑧　自己創出の中でつけたい力をつける　*26*
ポイント⑨　授業研究と事例研究の違いを自覚する　*28*
ポイント⑩　子どもの実態を把握する　*30*
ポイント⑪　事実を記録する　*33*
ポイント⑫　具体的に記述する　*35*
ポイント⑬　教材化の力を鍛える　*37*

ポイント⑭　教材へのかかわりを意識する　39
ポイント⑮　適切な教材を選択する　42
ポイント⑯　教材研究の意味を確認する　44
ポイント⑰　一次的教材研究で教えたいものを明確にする　46
ポイント⑱　二次的教材研究で適切な教材を選定する　48
ポイント⑲　教材の鮮度を高くする　52
ポイント⑳　教材を視覚化する　53
ポイント㉑　単元と題材の意味を理解する　55

3　特別支援教育の授業での働きかけ　57

ポイント㉒　教授行為とは意図的な働きかけである　58
ポイント㉓　発問を工夫する　60
ポイント㉔　考えることを促す発問をする　62
ポイント㉕　イメージがわくような発問をする　64
ポイント㉖　応答を確認する　66
ポイント㉗　説明のし方を工夫する　68
ポイント㉘　イメージしやすい説明をする　70
ポイント㉙　子どもを理解してイメージを引き出す　72
ポイント㉚　指示の出し方や内容を工夫する　74
ポイント㉛　言葉かけに気を配る　76

4　特別支援教育の授業での学習活動　78

ポイント㉜　学習活動を常に工夫する　79
ポイント㉝　学習活動を学習行為として意識する　82
ポイント㉞　学習活動を効果的に選択する　85

目　次

5　元気のでるひとこと（12カ月） *87*

ポイント㉟　　4月：校門の外の教室　*88*
ポイント㊱　　5月：子どもの顔に光を　*90*
ポイント㊲　　6月：仕事の上の青春　*93*
ポイント㊳　　7月：にっこり笑って教室に入る　*96*
ポイント㊴　　8月：断片的な知識は実践力にならない　*99*
ポイント㊵　　9月：腹を決めてかかわる　*102*
ポイント㊶　　10月：子どもに与うるものは教師自身　*104*
ポイント㊷　　11月：スキをみつける　*107*
ポイント㊸　　12月：子どもの目の高さでかかわる　*110*
ポイント㊹　　1月：出発点の再確認をする　*112*
ポイント㊺　　2月：神様じみた先生ではなく　*114*
ポイント㊻　　3月：頼りにしてくれる子どもがいる　*116*

あとがき　*119*
引用・参考文献　*121*

コラム1　実践を読み解く　*15*
コラム2　☆本の誕生　*43*
コラム3　教授行為を振り返る　*59*
コラム4　環境を整える　*92*
コラム5　具体化すること　*118*

1　特別支援教育の教師の専門性

　教師の専門性の向上については，最近は，研究論文，研修会，講演会，ニュースなど機会あるたびに触れられている。

　先の『今後の特別支援教育の在り方について（最終報告）』の中でも，基本的な考え方において，「質の高い教育的対応を支える人材」について述べている。そこでは「障害のある児童生徒への質の高い教育的対応を考えるに当たっては，障害の程度，状態等に応じて教育や指導の専門性が確保されることが必要であることはいうまでもない。……教員自ら指導面での専門的な知識や技能の向上に向けて努力することはもちろん，……」と指摘している。

　本書では，「授業こそ教師の専門性」の視点から，教師自らがその専門性を向上させるべく努力する具体的な方向性を考えてみたい。

　すなわち，授業は，教師が子どもにかかわるとき，もっとも中核にある方法であり，他の専門職種では行っていない教師の独自な方法である。それは，時間的な意味での仕事量の多くを占め，教師が教師としてたつところの源泉であるからである。

　筆者は，これまで障害児教育方法，特に「授業づくりと授業研究」の研究を専門とする立場から，自らの授業実践の経験も踏まえ，養護学校や障害児学級での授業にかかわってきた。その経験から，ここでは教師

の専門性の向上のための努力の方向を次の5つの力に絞って考えてみよう。

① 実態把握する力：これは，単に眼前の事象を観察することに留まるものではない。目前に展開する事象の意味を把握すること，またそれぞれの事象と事象との間の関係を読み取ることである。

　例えば，授業の中では教材への子どものかかわり方を見るとき，学習活動を単に子どもの行動として見るのではなく，教材を解釈しつつ，それを表現する子どもの姿を見るのである。

② 記録する力：教師であれば誰でも記録を書くことはできる。しかし，それを基にして子どもの実態を分析し，授業目標を設定し，自らの指導を振り返ることのできる記録となれば，簡単なことではない。

　後に自ら読み返してそのときの様子がよくわかる，第三者が理解できる表記がなされている記録となると，努力して積み上げていかないとその力は形成されていかない。

③ 目標設定する力：子どもの発達と生活経験と障害特性を踏まえて，実態把握したことに基づき授業目標を設定することが必要である。そうすると，発達や障害特性についての知識，子どもの生活経験についての理解も必要である。

　ここでは，そのことを踏まえたうえで，評価できるか否かも視野に入れて具体的に目標を記述することができるか，という問題である。

④ 教材化する力：現在の専門性の論議の中でもっとも欠けていて，しかし，授業づくりの中で重要なのは教材化する力である。授業の構成要素をもっとも単純にとらえると，教師と子どもと教材である。この3つが相互作用して授業が成り立つ。

　1つ1つの授業では，教師と子どもの間にその都度教材がもち込

まれることになる。その教材は，教師が準備するのである。通常の教育のように教科書を使うことはあまりない。その都度，教師は教材を発掘し，教材研究をして１時間の授業に向かう。だから，何を，どのようなことを教材化するかという，評価能力や構成能力を磨くことである。

教材は，目標よりも具体的であり，その教材に目標とすることが含まれている。この教材で，何が教えられるか，何を支援できるか，子どもはどのような情報を引き出すか等，授業目標との関連を十分に考えて，教材化することである。

また，子どもたちは，この教材にどのようにかかわるのか。例えば，読むのか，書くのか，遊ぶのか，数えるのか，食べるのか，このような学習活動も含めて教材研究することである。

⑤　具体化する力：授業目標を教材として具体化することも，まさに具体化する力といえるが，ここでは，教授行為においての具体化とそれに対する子どもの応答の確認を考えることである。

つまり，教師は授業の中で，様々に子どもに働きかける。それが，話し言葉によるものであれば，発問や説明，指示，助言などと呼ばれることであり，特に障害児教育では声かけや言葉かけといわれたりする行為と子どもの応答の確認である。

これから走る子どもに向かって，単に「がんばれ」と言うのではなく，「○○先生のところまで，腕を振って走ろう」などと具体的に何をするかを示して語りかけることである。

こんなことならどの教師もやっていることではあるが，常にどのような具体化が目標達成にとって適切なのかを考えながら行うことである。そして，それが子どもにどの様に受け取られているのかを見極めることである。

ここに挙げた５つの力は，教師の専門性の向上の視点からこれまで論

議されてきたわけではない。しかし，通常の教育も含めて，これまでの授業づくりの実践の中でその時々に重要性が指摘されてきたことである。

　ここにあらためて特別支援教育のための教師の専門性として身につける努力をしてほしい。毎日の授業をこれらの5つの力を意識して実践し，振り返り，同僚と話し合うことで，向上させていってほしいと願うものである。

　なお，具体的な努力の方向と方法は，以下に46のポイントとして述べていくが，巻末に挙げる参考文献も参照いただければ，より広く深く学んでいただくことができると考える。

　さらに付け加えると，専門性の向上は，日々の実践とその振り返り，とくに授業研究を工夫して行うことによって効果的になされていくと，筆者は考える。

1 特別支援教育の教師の専門性

> **ポイント①　授業の専門家になる**
>
> 　学校教育の中心は，授業である。教師は，授業で勝負する。養護学校や障害児学級の教育も，やはり中心には授業がある。また障害児教育の教師も授業で勝負する。

　私は，かつて養護学校や障害児学級の教師と授業について，このように書いた（太田，2000）。このことは，特別支援教育についてもいえることである。

　障害児教育に関する教員免許状を取得する場合，養護学校等，当該の学校での教育実習を除けば，現在の教員養成大学のカリキュラムの中で，どの程度，授業についての内容が学生に指導されているのであろうか。

　また，最近は，障害児教育の授業に関する本で表題に『○○授業づくり』といったものも増えてきているが，授業づくりを体系的に記述したものはほとんどない。

　その一方で，○○療法や○○訓練法に関する本は，極めて多く，それらの療法や訓練法に関しては，体系的にまとめられている。

　そのこともあって，学生にしても現職の教師にしてもそのような方法に詳しい場合が多い。そのこと自体は，決して悪いことではない。むしろ，教師の専門性を高める上では極めて重要なことである。

　ただ，特別支援学校や養護学校，障害児学級の教育にしても授業がその中心にあると考えると，やはり，教師は，授業の専門家であってほしい。教師以外には，授業という方法で子どもたちに働きかけている障害児教育の専門家はいないのである。

　2005年に，中央教育審議会義務教育特別部会が，その審議経過報告を行った。その中に「あるべき教師像の明示」が行われている。「優れた教師の条件には様々な要素があるが，大きく集約すると次の3つの要

素が重要である」としている。
① 教職に対する強い情熱
② 教育の専門家としての確かな力量
③ 総合的な人間力

この3つの中で，特に直接に授業にかかわることとしては，「②教育の専門家としての確かな力量」であり，このことについては，さらに次のように説明がついている。

「『教師は授業で勝負する』と言われるように，この力量が『教育のプロ』のプロたる所以である。この力量は，具体的には，子ども理解力，児童・生徒指導力，集団指導の力，学級作りの力，学習指導・授業作りの力，教材解釈の力などからなるものと言える。」

1960年，斎藤喜博氏は，その著書『授業入門』において，「授業は真剣勝負である」として，「教師は，教室という土俵のなかで，そういうきびしい授業によって，子どもと対決して勝負するのだ」と明言している。

また，1987年，有田和正氏は，『教材発掘の基礎技術』という本の中で，「授業は勝負である。教師と子どもの真剣勝負である」と述べて，「何で勝負するか」と問いかけている。そして，「ネタで勝負」だと自答している。ネタとは，教材を意味している。

斎藤氏の文章から遅れること25年，四半世紀のちの1985年，障害児教育においても授業で勝負の機運がみられるようになってきた。

雑誌『障害児の授業研究』の創刊の言葉で，宮崎直男氏は，障害児教育も「指導内容の枠組み作成（教育課程）の時代から子どもを変容させる授業で勝負の時代へ」変えていくことをうたった。この雑誌のタイトルは，その役割を「『授業で勝負する時代』への牽引車となること」と考えて名づけられている。

このような時代の流れの中で，特別支援教育においても，教師は授業の専門家であってほしい。

1 特別支援教育の教師の専門性

ポイント② 自信をもって授業づくりをする

> 学習指導案を書き，教材研究に明るく，自信をもって授業づくりに取り組んでいる教師はどれほどいるだろうか。

　さらに，私は，このようにも書いた（太田，2000）。○○訓練士，○○心理士の肩書きはなくとも，「私の専門は，授業です。遊びの指導です」という教師がおり，言語訓練ではなく，「僕は，国語の授業の専門家です」という教師がいてほしい。

　かつて，ここでいうような授業の専門家のことを私が書いているのを読んだある教師が，「自分は，肢体不自由養護学校に10年余り勤務してきた。その中で，訓練をできることが専門性を高めることだと考え，そればかりに力を入れてきたが，授業のことが重要だとわかった」と講演依頼の手紙をくれた。

　授業は，教師が毎日行っていることであるだけに，また，何をどのようにすればよいかという手引きのようなものはない（ただし，教科書の指導書，解説書は一部ある）だけに，その専門性を高める，授業力を高めるといっても，難しいところがある。

　学校では，授業を改善する目的で授業研究会も開かれたりするが，必ずしも有効なものにはなっていない場合が多い。いや，まったく授業研究会など開かれない学校もある。

　しかし，教師が毎日行っていることであるだけに，授業力を高めようと考えると，いろいろなやり方が見つかるものである。そのやり方を見つけ出し，教師間で研修を行い，どの教師も自信をもって授業づくりに励んでほしい。

ポイント③ 勝負強い教師になる

　勝負強い教師になろう。そのためには，自らの実践を省みる方法を身につけよう。

　小学校の教師であった青木幹勇氏（1983）は，「教師はもちろんプロである。このプロは，絶対に，授業打率7割5分を割ってはいけない」という。

　この言葉は，『生きている授業死んだ授業』（青木，1983）という本の中にある。この本の副題は，「授業実践50年」となっている。授業実践50年の経験からの言葉である。

　何人もの教師が書いていることに，自分の納得のいく授業は年間数回である，というようなことがある。そういうようなことがよく書いてある。

　授業打率7割5分と教師の納得のいく授業の関係はあきらかではないが，かなり満足のいく授業ができた割合であろう。野球の打率では，3割あればよし，イチローにしても4割はかなり難しい。目指すところは，まずは3割，次は5割，そして7割5分。

　例外を除いて，教師は50年も続けられない。大学を出て，現在の厳しい教員採用試験にすぐ合格して，60歳定年まで教壇に立ち続けても38年間である。かなり厳しく授業力を鍛えていないと，授業打率はあがらない。つまり，教師としてプロとは呼べないということになる。

　青木先生は，授業打率7割5分の項目にかかわって，「子どもは，つねに，そして無遠慮に，新しい手を教師に求めてくる」あるいは，「授業は，いつも，もぎたての白桃のように，みずみずしくありたい」と書いている。

　「新しい手」「もぎたての白桃」にその秘密があるらしい。

1 特別支援教育の教師の専門性

　みずみずしい授業で子どもたちに勝負を挑む。てごわい子どもたちを相手に勝負強く粘り強く授業実践を進める。そのためには，自らの実践を省みる方法を知っていることが必要である。

コラム1

実践を読み解く

　『ゲーテ格言集』（高橋健二編訳，1992）に「学術においても実際は人は何も知ることはできない。常に実践が必要である」とある。かのデカルトもまた，『方法序説』の中で，書物から十分学んだ後に「世間という大きな書物」から学ぶ大切さを悟り，旅に出たことを書いている。それは，目の前に現れてくる物事を相手に学者が書斎でやる推論より，一つ判断を誤ればすぐにも処刑されねばならぬ結果をまねくような重大なことに対して試みる推論においてこそ多くの真理に出会うからだというのである。それは，17世紀頃の話である。

　「世間という大きな書物」から読み取るのは，単に書物を読むようにはいかない。内容がはっきりと文字に表されているわけではないからである。しかし，現在の教育研究において，教室から学ぶことは極めて重要である。教育現場で展開される実践を整理し，文字なき書物から理論を読み解こう。その力が教師に求められている。

ポイント④ 自己教育力を刺激する

子どもの学びたい欲求をどのように刺激するか，いつも考えておこう。

　小学校や中学校の教育を語る場合に，文化的遺産の伝達ということが強調されることが多い。小学校や中学校の教科の内容は，まさに文化的遺産そのものである。

　しかし，障害のある子どもたちの教育，とくに養護学校の教育を語るときには，社会適応の側面が強調される。いやそうではなく，発達支援であるということが強調されたりする場合もある。

　例えば，「衣服の前後，表裏に気をつけて着脱する」や「1人で歯みがきや洗面をする」といった生活科の内容として挙げられるものは，それを子どもたちが学習することが社会（家庭）で適応的に生活する力を高めると考えられている。これに関わる教育では，社会適応が中心に語られる。

　しかし，衣服の着脱も，歯みがきや洗面も私たちの文化の伝達である。文化によっては，衣服の着脱，まして歯みがきや洗面を行わないこともあるが，歩くこと，歩き方までも文化に規定されていることでもある。

　このように考えると，生活科の内容を多く取り上げる，日常生活の指導，例えば，衣服の着脱の指導は確かに社会適応という面から考えることもできるが，服を着て生活しているという文化の伝達でもあるといえる。

　その一方，算数の内容や国語の内容を授業で取り上げる場合に文化的遺産の伝達ということが強調される。一般的にはそう考えられている。

　しかし，これらの内容についても障害のある子どもの教育において日常生活で使える力として強調されるとき，その教育は社会適応の側面が

強く意識されている。

「教育は，発達支援である。教育は，社会適応である。教育は，文化への導入である。教育は，意味に満ちた生活への覚醒である。……あるときにはある種の教育的支援が，またあるときには別の種類の教育的支援が前面にある。」

この言葉は，1960年代後半当時，コンスタンツ大学の教育科学の教授であったヴォルフガング・ブレチィンカが，彼の著書『ERZIEHUNG ALS LEBENSHILFE』の中に書いている文章である。

教育は，発達支援とも考えられるし，社会適応だともいえる。あるいは，文化的遺産の伝達の側面もあれば，意味に満ちた生活への覚醒を導くという側面もある。単純に発達支援だとか社会適応だとかといいきることはできないのである。

むしろ，私たちは，子どもの成長を見据えて，何が重要なのかを判断し，教育の発達支援の側面を強調したり，社会適応の側面を考慮したり，文化的遺産の伝達を中心に置いたり，あるいは意味に満ちた生活への覚醒の作用を前面に押し出したりすることが大事である。

ただ，私たちは，子どもの成長を見据え，教育のこれら4つの側面のうちどこを強調するにしても，ブレチィンカの次の言葉もよくよく頭においておくことも忘れてはいけない。

「教育者は，生徒が自らを教育する刺激のみを与えることができる。人間は，自発的に学ぶ存在である。」

子どもの教育にかかわるものは，直接子どもを教育しているのではないということである。子どもは自らに自らを教育するのである。教師ができることは，子どもが自らを教育しようとするように刺激を与えることである。そうするように，教師は子どもを励まし，ほめて，ときには叱ってなど，その気にさせる刺激を与えられるだけなのである。

ゲーテの格言の中にも「青年は教えられるより，刺激されることを欲

する」というのがある（高橋健二，1992）。

どのような教材を準備し，教具を作り，問いかけるか，説明するか。すなわち，発問や説明の内容を考え，発問や説明の仕方を練ることも含め，教材研究をして，子どもたちの学習意欲を刺激することが大事なのである。

しかし，ここでの刺激は，教師からの強い働きかけばかりを意味するわけではない。松坂清俊氏（1998）は次のように言う。

「子どもの側から言えば，被包感の中で育つことが成長・発達する必要条件であり，そのような安らぎ感と安心感の中でこそ，教師からの働きかけに目を向けていくことができるのである。一方，教師はそのような被包感をつくり出すべく，子どもとの間に共感的人間関係を築くことが最も重要であり，基本的なことなのである。その上に授業が成立するのである。」

授業の技術は，共感的人間関係の上に有効に働くのである。当然ながら，子どもとの関係は重要である。

私が1983年養護学校の教師として，中学部3年生を担任していたときの『学級だより』（第128号，10月31日）に次の一文がある。

かけ寄って話したい気持ち

朝，新町駅をおりる。いい天気に気分よく，学校に向かう。だれか知っている人と一緒に歩いてくることの多い朝の道。きょうは，知った顔にもあわず総門を入る。

Ｓ君がゆっくり歩いている。左側を歩いている。『右側をあるきな』と振り向いたＳ君に声をかける。右側にきたＳ君に追いつきかける。するとかけ寄ってくる。

『ひょうたんもってきた』と話しかけてくる。家でとれたひょうたんをもってきてくれたのかなあと思っていると，カバンを開けようとして

いる。『どれっ』というと，カバンから小さなキーホルダーらしきひょうたんを出して『おとうさんとおかあさんとおばあちゃんとひろきが買ってきてくれた』と教えてくれる。それをもらったことがかけ寄って話したかったほど嬉しかったのだろう。

　学校に着くと，F君が『勝ったにー』とかけ寄ってくる。3本打ったのだともいう。ホームラン3本を打ったというのである。……

　「被包感」は，ドイツの教育学者ボルノウの言葉である。周りの人々，つまり世界に温かく包まれ，見守られているという安らぎ感や安心感を意味している。

　私が大学時代から教えを受けてきた松坂先生は，その退官記念誌のタイトルとしてこの言葉を挙げておられる。私たち教えを受けた者にも被包感の中でこそ子どもの成長・発達があることを繰り返し説かれてきた。

　そのことを「子どもであれ，大人であれ，障害者（児）であれ，健常者（児）であれ，生きていること，活動することの喜びや意欲，ひいては明日への希望〈発達〉は，共感的人間関係の基盤のうえでのみもつことができる」と表現されている。

2　特別支援教育の教材づくり

　特別支援学校や養護学校，障害児学級では，指導として子どもたちに様々な働きかけが行われる。例えば，ある養護学校の2学期のある日，自立活動の時間に○○療法を行っている。担当の教師は，夏の研修会で○○療法を学んできたのである。あるいは，別の教師は，○○訓練を行っている。これもやはり，○○訓練の学習会で学んできたのである。

　その結果，2学期の終わりには，通知表にこの療法や訓練の成果が書き込まれている。他の授業の時間にも，担当の教師は，子どもたちへの働きかけを○○訓練だ，あるいは○○治療法だと意識して，行っている場合もあるだろう。

　授業力を高めるために授業研究会をする。その場合，これらの働きかけは，授業研究会のまな板に載せるのは難しい。むしろ，○○訓練の研究会，○○療法の研修会のまな板に載せた方が，その訓練法も，治療法も改善しやすい。

　私（太田，2003）は，そのために授業を次のように限定して研究することが有効だと考える。

　すなわち，「障害児の指導の中には，治療的方法，訓練的方法と並んで，授業的方法があり，この授業的方法でのアプローチを授業と限定すべきである。」

2 特別支援教育の教材づくり

ポイント⑤ 教材によって指導する

授業的方法の特徴は，教師が教材・教具を媒介にして子どもに働きかけるところにある。

授業研究会では，授業的方法であると教師が自覚して，子どもへアプローチしている授業を取り上げるべきである。授業時数としてカウントされている時間に行われていることが，それを行っている教師の意識の上からも，内容からも，必ずしも授業とはいえない場合もあるのである。

逆にいえば，教師は，授業とは何か，といつも自らに問いかけながら実践を行うことが必要であり，その実践を授業研究することで改善することが可能になるのである。

では，いったいどのようなことを授業的方法と考えるのであろうか。

授業は，教師と教材と子どもの三者による相互作用の中で成立するということがいわれる。授業の三角形モデルと呼ばれて図示される。三角形の各頂点は，教師と教材と子どもである。そして，各辺は双方向に影響を与える矢印によって図示される。

教材・教具は，教育目的を達成するための文化的素材の資料的側面を強調すると，教材ということができるし，文化的素材の道具的側面を強調すると教具ということになるが，明確に区分のできないこともある。

それゆえ，「教材・教具を媒介にして」という表現は，「教材を媒介にして」と見てもかまわないだろう。「子どもに働きかける」という表現も，授業を教師の側から表現しているものであり，その働きかけが，教師から子どもへの一方的なものを意味するのではないが，教師の視点からは，授業，授業的方法は「教材による指導」なのである。

授業が教師による教材を媒介とした，一方的なものでないということを表現するためには，柴田義松氏（1980）が「授業は，教師と生徒が共

同して教材の学習（研究）に取り組む活動である」と表現しているものがわかりやすい。教師と子どもとの教材への相互作用的な関わり方は，「共同して教材の学習あるいは研究に取り組む」という言い方によく表されている。

　授業では，教師が教材を研究し，その解釈を子どもにぶつける。子どももやはり，そこに提示された教材を研究し，自らの解釈をもつ。教材を研究し，解釈し，その解釈を学習活動として，表現していくことになる。授業では，教材をめぐって教師の解釈と子どもの解釈がぶつかり合う。いわゆる教師と子どもの対決がなされることになる。

　もっとも子どもの教材の研究や解釈がすぐには成り立たない場合もある。教師の働きかけ，教授行為がまずくて，子ども自身が教材にかかわれない場合もある。

　提示された教材が，まったく子どもの興味・関心を引かないものであったり，子どもの発達段階にあっていなくてかかわれない場合もあったりする。また，教材そのものが整理されてなくて，かかわる子どもが混乱する場合もある。

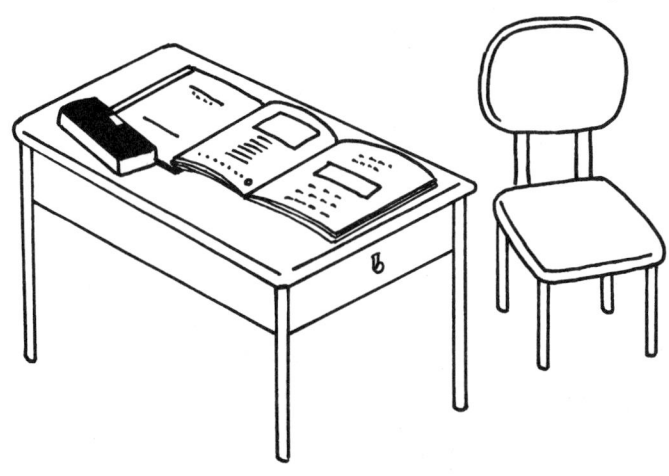

ポイント⑥　教材の意味や価値を価値的に構成する

子どもの主体性が育つ授業は，教師の教材の扱いが上手い。

　もうひとつ，授業が教材・教具を媒介にした「教材による指導」であることの意味は，次の宮原修氏（1990）の指摘に学ぶことができる。
　「教材が存在する場合は，子どもが直接自分自身で教材に対面でき，そこから知識などを発見したり獲得したりできる。まさに子ども自身が『教材の意味や価値を価値的に構成すること』ができる。」
　こう考え，教材を媒介にして，教師が子どもに働きかける。そうであるからこそ，教材が存在することによって，子ども自らが主体的に活動し，学習していくことになるのである。
　授業は，教師と子どもの間を教材が媒介し，相互に教材を研究しあうことによって，教師からの一方的な働きかけではなく，いわゆる教師という主体と子どもという主体での相互作用として成り立つ。
　すなわち，教師からの価値の一方的な押し付けや行動の強制ではなく，子ども自身が教材の意味や価値を価値的に構成することができる。
　このことを，具体例で見てみよう。ある知的障害養護学校高等部の音楽の授業である。
　その時間の1人の自閉症の生徒の目標は，「曲想を考え，どなったりせず，皆と調子を合わせて歌う」であった。時間の前半に，皆で歌唱した曲は，授業案の指導観において「大きな声でリズミカルに歌ったり，心に感じたりすることを自由に楽しく身体表現し」，「曲が盛り上がる部分では，特に感情をこめて大きな声で歌ってほしい」と授業者には考えられている。
　この曲はテンポの速い曲であるが，一方，授業の後半で歌った曲「エーデルワイス」は，「それに比較したらゆったりした曲で，3拍子リズム

で歌うことを心がけるように声かけしていく」と授業者は考えていた。実際に授業の中で，授業者は，「やさしく歌いましょう」となんども声かけをしていた。「曲想を考え，どなったりせず」に歌うことが目標であった自閉症の生徒は，授業者の手振りをまじえた「やさしく」歌おうという声かけによって，どなったような歌い方から「どなったりせず」に歌うことができるようになった。

　この生徒は，この皆と歌うという学習活動を通して，一見目標に近づいたように見える。しかし，これは歌っている様子（行動）からそのように見えただけであった。

　例えば，授業者のピアノの演奏や歌唱という形で提示される教材に，その生徒が触れ，自らその曲（教材）を解釈して，曲想をねり，「やさしく歌った」のではない。授業者の「やさしく歌って」という直接的な指示に従った結果なのである。しかし，子ども自身が「教材の意味や価値を価値的に構成すること」ができたのではない。

　授業者自身の手立て（教授行為）も子ども自身が「教材の意味や価値を価値的に構成すること」ができるように，何度もピアノでその曲（教材）を提示し，子どもの教材へのかかわりを促したわけではなかった。

　もっとも授業者は，この曲に対する自らの教材解釈を生徒達に伝える努力をしていなかったわけではない。例えば，エーデルワイスの絵を生徒達に見せて，「小さい花に話しかけるようにやさしく歌ってください」と指示していた。

　しかし，このような語りかけも，生徒たちが直接に教材の意味や価値を価値的に構成するための手立てではなく，やさしく歌うという行動を指示しているにすぎないのであった。

ポイント⑦ 授業は自己創出の過程である

　授業とは，一定の時間，場所の設定の中で授業者が自らの授業意図のもとに教材を通して子どもに働きかけ，子どもがその働きかけに応答して自己を創造していくという自己創出の過程である。

　これは，私の比較的早い時期の授業についての規定である（太田，1994）。

　私自身の授業実践を振り返ってみると，一見，授業の形をとりながらも，教材を媒介とせず，直接的に子どもに目指す行動を指示し形成しようとするような「教材との対面が弱い授業」になってしまうことがあった。

　子どもの主体性，自主性を重視すると表明している授業にもこのような「教材との対面が弱い授業」はしばしばみられる。

　子どもは，教材への働き返しによって，教師へ応答していく。その応答は，子どもが創り出しているものであり，子どもの自己の創出なのである。子どもは，自ら教材を解釈し，表現することによって自己の創出をしているのである。

　授業の目標を行動で記述することが大事だといわれる。それは，評価可能か否か，ということが問われるからである。その場合，教師は，記述されたとおりに行動することだけを求めることに陥ることがある。しかし，授業は，子どもが教材に関わって自己創出していく過程であることを忘れてはいけない。

　「教材の意味や価値を価値的に構成すること」のできる授業での学習を積み重ねることによって，子どもは自ら世界を価値的，能動的に構成していくことになるのである。

ポイント⑧ 自己創出の中でつけたい力をつける

　生活主義の立場に立つか否かにかかわらず，ちえ遅れの子どもたちにとって生活は重要な意味をもっていることに違いはない。教師は，それぞれの子どもの生活を見つめ，その意味を問い返してほしいものである。

　私は，かつてこのように書いた（太田，1992）。
　それは，三木安正氏（1969）の次の言葉を念頭においてのものであった。
　「生活教育とは，生活そのものを整え，よりよい形でそれが運営されること自体が教育の働きをするものというように考えているわけで，そうした生活をさせることによって生活の力を得させるのが精神薄弱教育の本質でなければならないと思うのである。」
　今日，生活教育の立場を明確にして授業実践を行うか否かにかかわらず，子どもたちに生きる力，生活力をつけることは，極めて重要である。
　その力は，端的にスキル，すなわち生活の場で役立つ，生活スキルであったり，社会や人へのかかわりをすすめるソーシャル・スキルであったりする。
　しかし，このようなスキルとして形成された力が，真に活きて働くためには，そのスキルが状況とのかかわりの中で適切に変更されていかなければならない。
　20年ほど前に次のような話を聞いた。
　養護学校の高等部を卒業した青年が，久しぶりに当時の担任の先生に会った。彼には既に両親はなく，兄夫婦と暮らしていた。朝食をパンと牛乳で済ませて仕事に出かけていくらしい。
　先生は，「高等部のとき，トースターの使い方勉強して，上手にでき

ていたやないか。パンくらい焼いて食べてるのか」と彼に尋ねた。答えは，学校で使ったトースターとは型が違うので使えない，というものであった。

　養護学校での実践で，自動販売機の使い方を学習するというのがある。その指導計画の中には，いろいろな自動販売機を使う，ということもいれられている場合もある。これなどは，対象の機種が変わればそのスキルが使えないという問題を解消するために計画されたものである。

　多くの場合，スキルは物や人との関係で成立している。操作の対象が変われば，そのやり方も変えなければならない。そのやり方を変えていくことは，いわゆる工夫することであり，考えることである。

　それゆえ，生活力をつけるためには，スキルの獲得と同時に工夫する力，考える力をつけていくことが重要である。

　放浪の天才画家とか，日本のゴッホといわれ，貼絵で有名な山下清氏は，いわゆる軽度の知的障害であった。その作品は，八幡学園で教えられた技法だけでなく，彼独自の工夫が見られた。

　例えば，「ある作品は，蕾のふくらみを，アンコを入れて押し絵のようにふくらませた。」「竹垣は，紙をこよって貼り，竹の太さを出している。花にとまった虻は，本物のように厚みがある」。

　これらの工夫は，「彼の計算に入れて貼っているのではない」「決して作品の効果をねらった手法ではない」ともいわれるが，作品への影響をねらって，「学園生活に変化を与えるため，よく，グループを散歩や遠足に連れ出した」とか，「手法として，色彩の陰影をつかまえるため，油絵の複製品をたくさん見せた。複写もさせた」というような働きかけが，指導の側によって行われている（渡辺実，1968）。

　そのような働きかけによって，工夫がなされるようになっていったのである。

ポイント⑨　授業研究と事例研究の違いを自覚する

> 授業とは何か。このことが明確でないと，授業研究会でも研究の方向は定まらない。

　障害児教育においては研究者の間では，これまでもあまり授業研究への関心はなかった。通常の教育においては，1960年代になって授業研究が本格化してきたが，それまでは研究者があまりにも授業を知らなさ過ぎたことが指摘されている。

　障害児教育では，いまだもって研究者の授業への関心が高いとはいえない。

　中山文雄氏（1987）によれば，障害児教育では，これまで個別的，治療的なアプローチによる事例研究的な取り組みが重視されてきた。

　個別の教育支援計画や個別の指導計画の作成に教師の努力が注がれている現状では，これからもますます個別の事例が注目されていくことになるだろう。そのような状況では，授業研究とはどうすることかを，改めて問うことも必要である。

　事例研究と授業研究とは，あきらかに違うものなのである。教師がこのことを自覚して取り組まなければ，授業研究はできない。授業は改善されていかない。授業研究をしているつもりでも，授業研究にはなっていなかったりする。

　授業研究の中でも，抽出児に焦点化する方法，いわゆる抽出児法や焦点化児童法で行われる場合，しばしば，研究にかかわる教師の側でも，それが事例研究なのか，授業研究なのかがわからなくなる。

　事例研究とは，『新訂特殊教育用語辞典』によれば，ある特定の事例について，その個人のこれまでの生活をできるだけ詳細に調査し，その個人の問題の所在や原因や発生条件を明らかにしようとする方法である。

ある養護学校の授業研究会に参加したときのことである。筆者は，授業研究としての視点から発言を行ったが，その学校の教師たちには，授業研究と事例研究との区別はできていなかった。焦点化されている抽出児がその授業の中で見せたブランコへのかかわり方が昨年よりもよくなっているので，「この授業はよかった」と評価していた。いっこうに授業研究にはならなかった。授業研究は，対象になった授業の良し悪しを評価するものではない。授業改善のために行うものである。どのような授業でも改善する余地はあるものである。このブランコの授業も焦点化されている抽出児のブランコへのかかわり方が昨年よりも上手くなっていたとしても，その授業の中でさらによいアプローチの仕方はないかを検討することが重要なのである。

　抽出児法による授業研究では，教授行為，教材・教具，学習活動，教師の姿勢や価値判断などの授業の要素がどのように子どもの学習，感じ方，考え方，行動などに影響しているかということを，抽出児を通してみるという方法である。

　そして，研究の中心は，次時の授業をどのように組み立てれば，より効果的なものになるかを検討することにある。

　ブランコに乗る学習活動が中心である授業は，対象の子どもが去年より上手にブランコに乗れるようになったからこれでよかった，という評価で終わるものではない。

　授業研究会では，研究授業の良し悪しを評価され，悪い点やミスを指摘されるという思いが，授業者の中にまだまだある。そうではなく，いまよりよりよい授業を求めてなされるのだと認識したいものである。

ポイント⑩ 子どもの実態を把握する

子どもの生活にまなざしを向け，具体的に書き留める。

　授業は，子どもの実態を把握した上で，その実態を基にして構想される。

　もちろん，どのような力を付けたいか，どのような子どもに育ってほしいか等，子どもの願いや親の願い，さらには教師の願い等，1人1人の子どものニーズに基づいて，授業のねらいが立てられ，学習内容，学習活動が考えられ，教材・教具の研究が行われる。実態の把握の中には，ニーズの把握も含まれる。

　子どもの実態を把握するために，観察記録を書いてみることもよい方法である。

　「一体，教師の観察記録を見ますと，教師の眼力の深さがよく解ると思います」とは，池田太郎氏（1978）の言葉である。池田氏は，教職を出発点として教育の世界から福祉の世界へと活動の場を広げていった人であり，現在の共同作業所や生活ホーム等に大きな影響をもたらした実践と理論をつくった人である。この言葉は，観察の深さと観察記録の関係を表している。

　つまり，観察記録を読めば，その記録をした人が何をどの程度見ていたか，見ることができていたのかがわかるということである。

　見ること，観察することにも上達，あるいは深まりがあり，記録を書くことにも上達や深まりがあるのである。言い換えれば，上達するためには，そのための訓練が必要なのである。

　ここでは，まず，見ること，観察することについて考えてみよう。

　「『よく見る』とは瞳を凝らして見入るということではなく，頭と心を使って眼前で展開する事象の意味や事象間の関係を読み取ることである。」

これは，東京大学教育学部で比較教育学や心理人類学について教鞭をとっていた箕浦康子氏（1999）の指摘であり，その著書『フィールドワークの技法と実際』の中にある一文である。
　この場合のフィールドワークとは，地理学者が使うような意味ではなく，「人と人の行動，もしくは人とその社会および人が創り出した人工物（artifacts）との関係を，人間の営みのコンテキストをなるべく壊さないような手続きで研究する手法」を意味している。
　箕浦氏によれば，フィールドワーカーの1年間の訓練プログラムの第1段階がほぼ終了してくると，「だんだん見えてくるようになった」とか「だんだんどういうことかがわかってきた」と受講の学生の中にこのような声が上がってくるらしい。
　すなわち，フィールドワーカーとしての見る訓練を積むことによって，「よく見る」ということの意味がわかってくる。それは，「眼前で展開する事象の意味や事象間の関係を読み取ること」ができるようになってくることである。
　とにかく漠然と見ていても，見えてこないのである。子どもの実態を把握するにも，教師は，そのつもりになって見る。見る訓練が必要なのであるが，この訓練は，書くこと，記録をとることと連動させて行うことが有効である。
　フィールドワークでの考え方を，もう少し参考にさせていただこう。
　フィールドワーカーが現地で行う書くことについての論議に注目したい。それは，「分厚い記述（thick description）」と「薄っぺらな記述（thin description）」についての論議である。
　佐藤郁哉氏（1993）にこのことに関して簡潔な説明がある。
　「カメラのような機械とは違い，フィールドワーカーは見たままの姿を記録するだけでなく，その奥に幾重にも折り重なった生活と行為の文脈をときほぐしていきます。その作業を通してはじめて明らかになる行

為の意味を解釈して読みとり，その解釈を書きとめていく作業が分厚い記述なのです。」

　人の生活について記述するのに，いろいろな立場がある。

　その中で，「フィールドワーカーが独特なのは，この記述が，『分厚い記述（thick description）』という性格をもつものだということです」といわれるように，フィールドワークの専門家になるためには，この記述ができることが大事なのである。

　眼前で展開する事象の意味や事象間の関係を読み取り，あるいは行為の意味を解釈して読み取り，その解釈を書きとめていく作業ができるようになるためには，それなりの訓練が必要である。

　しかし，1つ1つの出来事や行為の意味を，それらの関係を読み取り記述する分厚い記述をする前に，まずは「見たままの姿をカメラのように記録する」薄っぺらな記述から始めてみよう。「薄っぺら」と呼ばれる記述もなかなかに難しい。

ポイント⑪ 事実を記録する

教育実践は，事実を書きとめ，事実を基に省みよう。

　観察記録を書く場合に，事実と感想を意識して書き分けなければ混同がおこる。記録を書く前に書き分ける必要を感じていなければならない。

　かつて授業の名人芸とうたわれた小杉長平氏（1970）は，子どもを理解し，指導のうえで名人芸を発揮するために，おそらく日々子どもの記録を書いていた。

　そのことを推測させる一文がある。それは，小杉氏の「正しい記録は科学の母である。そして正しい整理は人間の歴史の一駒になろう」という文章である。

　教育実践が子どもの実態把握，子どもの記録から出発するという指摘は多いが，どのように記録をとるかということに関して，教育実践にかかわる人たちの間での論議は少ないように思われる。

　心理学の実験演習を扱ったシリーズ本の中の1冊に観察法について書かれた『観察』（大西誠一郎他，1983）という本がある。その中で観察したことの記録について触れられている。

　まずは，事実と感想を書き分けてみよう。そのために，『観察』の中に，次のような，2歳8カ月の女児Mと女子学生Aとのかかわりの観察記録の例が挙げられている。その一部を引用するので，感想的記述の部分はどこか考えてみてほしい。

M：大きなぬいぐるみのワニを手にもつ。
A：「Mちゃんガブッ」小さなぬいぐるみのワニの口をあけ，Mにかみ
　　つくまねをしてみせる。
M：黙って大ワニの腹のほころびから綿を取り出して捨てる。Aの話

しかけに対して一見むとんちゃくな様子である。場所とＡとに不慣れなため，少し緊張しているらしい。

　この観察記録の中では，「Ａの話しかけに対して……」以下の部分が感想的記述である。この観察記録では，感想的記述については，〈　〉の中に書き込んでおり，観察した事実と感想を区別して示している。
　ではなぜ，事実と感想や解釈とを区別して書く必要があるのであろうか。『観察』では，次のように書いている。
　「観察した事象からわれわれが受ける印象や感想は，人によって随分違うものである。」
　同じ場面を複数の人が観察した場合，観察した事象から受ける印象や感想は異なっている。厳密には，見えていることも異なっている。
　それは，単に見ることが対象を映像として受容するだけではなく，見る側の思いや記憶などの影響の下に，対象を見る側から切り取る行為であるからであり，そのために客観的な事実とは必ずしもいえないので，『事実』というように括弧つきに表現される場合もある。複数の人間が見る場合でなく，同一人物が時間をおいて，自ら観察した事実の記録を読んだ場合にも，その印象や感想は時間をおけば異なる場合もある。
　したがって，事実と感想がごちゃ混ぜの記録では，何をどのように解釈して実践に取り組んだのか，子どもにかかわったのかがさらに混乱することになる。
　しかし，上記の文章に続いて，「観察の仕事は，事実――選択された事実であるが――を正確に把握することが基盤になるものの，それをどう解釈するかというところまで含まれる」という指摘もある。それは，教育実践においては，教師がある場面を観察し，その事実を解釈して，教材と結びつけ，子どもに働きかけるという流れで行われるからである。

ポイント⑫ 具体的に記述する

具体的に書かないと，事実は書き留められないし，伝えられない。

　京都市立総合養護学校（2005）が出している『個別の包括支援プラン作成マニュアル』の中の文章に「書き手が述べたい事実を，読み手がより正確に受け取るために，具体的に書くということが必要不可欠です」とある。

　この書き手と読み手とは，一般的には異なる人物と考えられる。しかし，先に述べたように，その記録の書かれた時期と読まれる時期の時間的な隔たりが大きい場合には，同一人物においてもいえることである。

　最近，障害のある子どもの指導で，このように行動的記述であるとか，具体的に書くということが指摘されている。これは，観察記録に関わる指摘である。

　例えば，京都市立総合養護学校（2005）が出している『個別の包括支援プラン作成マニュアル』に次の例示がある。

　子どもの現在の姿を「ひらがなで書かれた自分の名前がわかる」と記述するのではなく，このように判断した場面や活動，自分が行った支援の内容をも併せて記述するという視点から，「ふだんと異なる教室での学習の際に，机にひらがなで書かれた名前カードを貼っておけば，自分の名前カードが貼ってある場所に座る」とか，「ひらがなの文字カードで，自分の名前を並べることができる」という例示になっている。

　「現在の姿」をどのような抽象的な場面での姿として記述するかということは，考えていく必要があるが，授業目標であればこのようなレベルの具体的な表現になると考えられる。

　しかし，先に示した「見たままの姿をカメラのように記録する薄っぺらな記述」の場合，もっと具体的である。具体的に書く程度も様々である。

佐藤氏の，カメラに徹するフィールドワーカーの薄っぺらな記述の例は，次のようなものである。家の前でバットを振っている男の例である。（数字は，漢字を算用数字に改めた）

　×月○日，16時34分50秒〜53分23秒にかけての観察。○○町5丁目3-5の富士見坂の街角。40代後半とおぼしき額がややはげ上がった男が両脚を肩幅よりやや広めに開き，バットを振っている。観察時間の間にバットが振られた回数は少なくとも35回。バットの商標は，ミズノ。ローマ字のロゴがXXセンチ×XXセンチほどの大きさで印刷されている。男の服装――ベージュの綿パン，グレーのスエット・シャツ（以下，延々とディテールの記述が続く）。

　しかし，バットを振っている男の行為の意味はこのような「客観的」で「科学的」な記述からは読み取れないと，佐藤氏は指摘する。
　沢田允茂氏（1978）も，「一般にいって人間の行動の記述や予測にかんしては，その人の目的や意図やその他の心の状態を記述する言語をそのなかに入れなければならなくなる」と指摘する。
　沢田氏は，「彼は怒ってその男をなぐった」という文を挙げている。この描写は，「純粋に物理的な記述ではない」と指摘し，さらに「人間の行動のばあいには，意図を知る，あるいは目的とか心の状態を知ることによって，そのような意図や目的や心の状態の実現として行動を理解し，予測するといった理論のつくり方のほうがより良いつくり方だ，ということになろう」とも述べている。
　子どもの実態を観察し，それを記述する場合に，その記述の具体性の程度には様々なものがあることがわかる。また，その記述が後に何に使われるか，何の目的で記述されているかによって，薄っぺらな記述か，分厚い記述の違いだけでなく，様々な記述が存在するといえる。

ポイント⑬ 教材化の力を鍛える

よりよい授業づくりをするためには，教師は自らの教材化する力を鍛えることである。

　青木幹勇氏（1983）は，「森羅万象，教材たらざるはなしであるが，これをとらえて，それを教材化できる評価能力，構成能力，それが教師の専門性につながる」と指摘する。

　昨今，教師の専門性の向上が求められるが，何が教師の専門性であるかが明確になっているわけではない。

　特に，障害児教育の分野では，授業の重要性が十分認識されてきたわけではない。そのために，教材にかかわるこのような能力が教師の専門性として語られてきたわけではないといえる。

　しかし，障害児教育における授業の重要性を認識すると，このような能力が，教師の専門性の中身であることがわかる。

　青木氏は，「釈迦も孔子もキリストも，随時随所，対象にぴったりの教材をとらえて，衆生を済度した」と言っている。随時随所に教材をとらえた，次のような，昭和40年代の実践報告がある。

　　雨の日であった。みんなで傘をさして歩きながらわたしはふと立ち止まって道に大きく「雨」という字を書いた。
　　「ね，傘の中に（"冠"の部分を指して）ポツポツとしずくが落ちて来た。（"冠"の中に点をうちながら）この字はアメと読むんだよ。」
　　その次の日，K児（IQ65）の母親から手紙をもらった。
　　「先生，きのう克也が寝てからとび起きてきて"母ちゃん，アメという字を教えてやろうか"といってノートにいっぱい"雨"の漢字を書いてくれました。今まで3年間，いくら教えても1字の字も書いてくれなかったのにこんなに嬉しいことはなかったです。」

当時，特殊学級の担任であった龍田善樹先生（1968）の実践である。

「教材は，発掘され，発見されるものである。教師は，教材の発掘者発見者でもなければならない」とは，やはり青木氏の言葉である。

青木氏は，小学校教師であった。小学校では，教科書が一般的な教材である。教材の発掘，発見は教科書以外の教材を取り上げようとする場合である。

養護学校や障害児学級では，毎日の授業を教材の発掘，発見からはじめなければならない。知的障害養護学校用教科書は，国語，算数（数学），音楽の3教科で，文部科学省著作教科書が出されており，その他に107条本といわれているものがある。

しかし，知的障害児教育では，子どもが実際に経験することを重視する考え方から教科書を使っての座学はあまり行われない。このような場合には，その都度教材を発掘し，発見して体験的な授業を創っていかなければならない。まさに教材化できる評価能力，構成能力が教師の専門性として極めて重要なのである。教師は，砂場を見て，次の時間の遊びの指導では，これをどのように教材化するか考え，構成していかなくてはならない。畑に立って，作業学習のために，何をどのように教材にしたてるかを工夫してみなくてはいけない。

ある養護学校の作業学習で大豆の苗を植える学習活動をやっていた。

その苗は，1本ずつ，苗用ポットで育てられていたが，植え替える時期をのがして，伸びすぎていた。大豆を製品として作るというような作業学習での考え方があるならば，伸びすぎた苗は，製品に育て上げる作業学習の教材としては不適切である。なぜなら，製品づくりを目指す授業では，伸びすぎた時点で適切な苗とはみなさないからである。

しかし，日常生活の中での課題解決を目指す生活単元学習では，「植える時期を逃した苗をどうするか」という課題へ取り組むためのよい教材である。

ポイント⑭ 教材へのかかわりを意識する

> 教材は，教育目的を達成するための文化的素材の資料的側面を意味する。

　私は，かつてこのように教材について書いた（太田，1997）。

　例えば，小学校の国語の教科書は，教材集である。教科書に載っている文章が教材である。子どもたちは，その文章を読む行為を通して，教科書から情報を引き出す。それゆえに，その文章に資料性があるのである。

　子どもたちは，「植える時期を逸した苗」からどのような情報を引き出すか。その引き出し方は，「読む」という行為によってではない。伸びすぎて，折れ曲がった「苗を植える」という行為によって，添え木をして植えることが必要だとか，適切な時期に植えないと伸びすぎて植えにくい等，の情報を読み取る。そこに資料的側面がある。

　子どもが教材とどのようにかかわるか，どのような情報を引き出すか，ということを考えると，教師の働きかけが重要になる。教材への子どもの出会わせ方をどのようにするか。教師は，自らの教授行為を研究することが必要である。

　教材からの読み取りについて，ドイツの知的障害児学校の「読みに関する学習領域」での授業の例を挙げてみよう（A. Gossel, 1994）。

　学習集団は，6歳から8歳までの女児2名，男児5名である。単元テーマは，「7人の小人の物語」であり，単元目標は，「図解された対象を認識し，その絵の情報を取り出し，その情報を利用することを学習する」である。

　本時の目標や個人目標も表記されている。そのために，学習活動としては，小人人形の組み立てのための図解本を見て，小人人形を組み立て

ることが中心になっており，最後には小人物語を演じることも含んでいる。教材について書かれてある中で，この図解本の読みは，実用本の情報の読み取りにつながっていくものであることが記されている。

　この授業では，絵から情報を読み取ることが人形の組み立てという学習活動として行われている。

　「7人の小人の物語」という単元テーマのもとに教材が選択され，出来上がった人形を使っての小人物語の上演までを含んでいるのは，読み能力の促進への取り組みが，子どもにとって孤立した訓練になってしまう危険性を避けるためである。

　この授業は，読み能力の促進にあるので，人形の組み立てに際しての子どもの手先の器用さを求めるようなところへは発展していかないので，学習活動ではその点への配慮も考えられている。

　また，組み立て本の提示も，子どもによって工夫され，例えば，組み立て指示を1つ1つ絵カードによって机の上に左から右へ置くという場合もある。

　もう1つ例を挙げて考えてみよう。

　ある養護学校小学部1・2年生のクラスでの雪遊びの授業である。対象は，知的障害を伴う自閉症の子ども4名，知的障害と肢体不自由の重複障害の子ども4名の計8名である。発達的には2歳前後ということであった。授業での主活動に当たると考えられるのは，雪玉を使っての雪玉投げ，雪玉入れ，雪合戦などの雪遊びである。

　雪遊びを教材にしての授業である。教師は，雪遊びで「あること」を教えようと考えている。

　「あること」とは何か。一般的に想像できる「あること」は，「雪遊びの楽しさ」や「雪の冷たさを感じること」「自分なりの雪だるまを作ること」などが，授業案には書き込まれていることだろう。

　しかし，実際の目標は，「雪遊びの写真カードを手がかりにして，自

分で帽子と手袋をつける」というようなものである。

　1人1人の目標は異なるが，もっとも雪遊びにかかわると考えられる目標は，「指導者が雪玉を触ったり投げたりする姿を見て，自分から雪玉を触る」であった。

　これらは，短期目標としての「見通しをもつこと」「他者の動きを真似て自分から動くこと」につながっていくと考えられている。

　これらの短期目標は，雪遊びという教材から直接的に到達しようとすることではないといえよう。雪遊びにかかわる内容であることからすると，雪遊びという教材でも教えることが可能なことがらではあるが，より適切な教材を見つけることが必要に思える。

　このような授業における，教材の具体性とは何かをあらためて考えてみることが必要である。

組み立て図　　　　　　　　　　完成図

| ポイント⑮ | 適切な教材を選択する |

その子どもの発達にとって教材の適切な具体化は何か，と考えて，教材を選択する。

　先の雪遊びの授業案を見ると，「雪遊びの写真カードを手がかりにして自分で帽子と手袋を着ける」という，ある子どもの行動目標があり，授業の中でのその子どもの学習活動は，「帽子と手袋の写真カードを見て，帽子と手袋をカゴまで取りに行き着ける」となっている。
　この行動目標と学習活動では，子どもの情報を引き出す方向が雪遊びの場面での帽子と手袋に関することに限定されている。
　そして，実際の活動は，「写真カードを見る」と記述されており，また，「カゴのところまで取りにいく」と記述されている，というようにある種の限定がされている。
　このような限定は，授業を組み立てていく上では大事である。授業の中で，このような子どもの学習活動が実際になされれば，行動目標が達成されたと考えられるからである。
　しかし，ここでは，行動目標を具体化して，学習活動が設定されているわけでない。学習活動は行動目標の記述をより丁寧に記述してあるが，より具体化しているわけではない。
　この例では，教材において提示される具体化のレベルは，どの子にとっても同じである。それは，実物のレベルではなく，写真に映像化されているというレベルである。指導者の活動／支援として「手持ちサイズの帽子と手袋の写真カードを渡す」とあるが，これも同じ具体化のレベル（映像化）である。
　このような，教材が目標よりも具体化されていないこと，及びどの子にとっても同じレベルで記述されているということ。この2つは，もう

少し考えを深めてもよいことかもしれない。またこれらのことに加えて，参観した実際の授業では，多くの時間が紙を雪に見立てて丸めて作った雪玉によって行われていた。このことも再考してもよいかもしれない。

2歳前後の発達段階の子どもでは，教材としての具体性の中には，雪に触ったときの冷たさ，感触といった感覚レベルのことを盛り込むことが適切であると考えられる。紙の雪玉を使う見立ての世界を教材とした，この授業で子どもたちは何を学んでいくのであろうか。

コラム2

☆本の誕生

　知的障害養護学校の教科書は，いわゆる，星本である。昭和39年度に文部省著作教科書として算数・数学の教科書である，「かずのほん☆」,「かずの本☆☆」,「数の本☆☆☆」が世にだされた。いわゆる文部省の検定教科書ではなく，著作教科書であるのは発行部数が少ないので作成する会社がないからであった。

　当時，教科書の作成については賛否両論があった。賛成の意見は，教室で何をやればよいかわからないので教科書で示してほしい，あるいは教科書があれば先生が替わっても一定のことが行われるから親が安心する，というようなものであった。一方，反対意見は，机の上の本でやる教育ではどうしても生活的なものから離れた教育になってしまう，というように生活教育の視点からの批判であった。

　生きる力を培う教育において，教科書をどのように使うか，いまも問題は残されたままである。

ポイント⑯ 教材研究の意味を確認する

　教師は，教材研究という言葉を毎日使っている。しかし，それが具体的にどのようにすることかわかっていないことも多い。日常的な基礎的な用語の意味を確認し，そこから実践を見直すことも大事なことである。

　ここで，教材研究について，辞典を引いて，その意味を確認してみよう。

　『授業研究用語辞典』（横須賀薫，1990）には，教材研究ということについて，次のように記されている。

　「教材研究とは，教材の発掘，選択からはじまり，その教材の本質を究め，さらに子供の実態に即して授業の構想を練り，それを授業案に結実させるまでの，教材に関わる一連の研究活動のことである。」

　教科書を使用するなど，すでに教材が決められている場合には，「教材の本質を究め」といういわゆる教材解釈を中心とした教材研究が行われるが，養護学校や障害児学級の授業では，教材発掘，選択からはじまり，教材解釈へと進むことになる。

　養護学校や障害児学級では，既にある教科書などの教材を使って授業を進めることは，あまり行われていない。知的障害養護学校用の文部科学省著作の教科書は，国語，算数・数学，音楽のみがいわゆる☆本として刊行されているだけである。

　また，教科書を用いての座学ではなく，体験的，活動的に行われる授業によってこそ，知的障害の子どもたちの学習がよりよく行われていくと考えられている。

　そのために，新たな教材の発掘，選択が重要になってくるのである。このことは，知的障害の子どもの学習特性を考慮して教材研究を進める

ということである。

　知的障害の学習上の特性としては，次のようなことが挙げられてきた（文部省，2000）。

- 学習によって得た知識や技能が断片的になりやすく，実際の生活の場で応用されにくい。
- 成功経験が少ないことなどにより，主体的に活動に取り組む意欲が十分に育っていないことがみられる。
- 実際的な生活経験が不足しがちであるとともに，抽象的な内容より，実際的・具体的な内容の指導がより効果的である。

　このような学習特性を十分に考慮して，教材を取り上げることになる。すなわち，実際の生活の場で応用されることや具体的な内容であることを考慮して，学校の近くのスーパーマーケットでの買い物学習が行われるのである。

　ある知的障害養護学校の高等部 2 年生のクラスでは，毎週特定の曜日には給食を実施せずに，前日に昼食を計画することにしていた。あるときは，自宅でいつもより早く起床して自分で弁当を作ってくる，またあるときは，学校でみんなで作ることがあった，またあるときは外食と決めて，お店を探し道順を調べることもあった。このように自分たちで昼食の内容を決めることで，子どもたちは食べることにかかわる様々な教材に取り組んでいったのである。そして，そのことによって，子どもたちは，主体的に取り組み，実際的な生活経験を得，成功経験を積み重ねていったのである。

　通常の学級で特別支援教育を行う場合にも，教科書通りに授業を行っていくのではうまくいかないことが多いが，その場合にも LD，ADHD，高機能自閉症の子どもたちの学習特性を考慮して，教材研究することが極めて重要になる。

ポイント⑰ 一次的教材研究で教えたいものを明確にする

子どものことはひとまずおいて、教材自体をかみ砕こう。

ここで、「教材研究には、2つの段階を区別することが出来るだろう」という林竹二氏（1983）の「一次的には、教材研究は、自分自身のためのもので、自分に納得ゆくまで教材をかみくだく作業である。その徹底的な作業を通じて、教師のうちに教えたいものが形をとってくる」という指摘に、まず耳を傾けよう。

林氏は、続けて一次的教材研究の意味を次のようにいう。

「この長い時間をかけた教材とのとりくみを通じて、自分のうちにつくられてきた『教えたいもの』が、授業の出発点である。」

そして、「授業を根本で決定するものは、この教えたいものであって、教材そのものでない」ともいう。

徹底的に教材研究をすることを通して、教師の頭の中に教えたいものが明確になるのである。

最近は、教師の教えたいものは、授業の前面には出さず、やわらかく教師の願いと表現される。また、教師の願いを実現する指導ではなく、子どもの願いの実現を支援するということが主張されている。

しかし、このことは、授業に際して、教師が「教えたいもの」を明確にもっていなくてよいということではない。子どもの願いの実現を支援することと教師が教えたいものを明確にもって授業を展開することとは矛盾することではない。

私は、授業においては、子どもの願いの実現を支援することと教師が教えたいものを明確にもって子どもにかかわることとは、教えたいものと教材との関係を考えることであると思う。

つまり，教師の教えたいものを，教材によって子どもの願いとしての学びたいものに転化するのである。

「『教えたいもの』をはっきりともったとき，授業になり得るということだ。しかし，『教えたいもの』を鮮明にもたねばならないが，決して教えてはならないのである。」

　この主張は，小学校で長らく教師を勤めた，特に社会科の授業で有名な有田和正氏（1987）のものである。教えたいものを決して教えてはいけない。では，教師は，一体どのようにすればよいのであろうか。

　そのために，林氏のいう二次的な教材研究が必要になる。

| ポイント⑱ | **二次的教材研究で適切な教材を選定する** |

> 明日の授業を考えたとき，教師は１人１人の子どもの顔を思い浮かべながら，頭の中で子どもと教材を出会わせてみよう。

　どのようなクラスの，どのような子どもたちに授業をするかということは想定せずに，自分の納得のいくまで教材そのものを噛み砕く作業が，一次的な教材研究である。そして，二次的な教材研究は，「１つの山を，どうしたら子どもたちに，それぞれ自分の手や足をつかってよじのぼって，山頂までをきわめさせることができるかを，実地に即して見きわめる作業だといってよいだろう」と，林氏は，実際の授業を山登りにたとえて述べている。

　山頂は，教師の教えたいものであるが，子どもたちが自分の手や足をつかってよじのぼるためには，教師の教えたいものという，一方的な押し付けであってはできないことである。

　そこに子どもの願いがなければなしとげられないことである。子どもそれぞれが，自らの価値にしたがって，登頂ルートを決められるような教材の山を準備するということが必要になる。

　再び，有田氏の指摘に耳を傾けてみよう。

　「とにかく，教材研究，それも子どもの実態を把握した上での教材のかみくだきが不足しているように思う。」

　この指摘は，養護学校や障害児学級での授業を念頭においてのことではないだろう。しかし，私は，知的障害の子どもたちの授業を参観して，いつも思うのはこの指摘である。

　従来から障害のある子どもたちの教育では，１人１人の子どもの実態把握が重要であると繰り返し指摘されてきた。通常の教育の授業案と比較して，１人１人の実態が記入されているのが障害のある子どもたちの

授業案の特徴であるともいわれてきた。

　しかし，子どもの実態を把握した上での教材のかみくだきは不足している。

　例えば，ある養護学校での授業研究で，紙吹雪によって，「雪の降るのを想像する」とか，「吹雪をイメージする」などという表現が，教材研究の結果の結実である授業案にあった。

　その授業の対象は，発達的に1歳を超えていない子どもたちである。紙吹雪は，雪に降られた経験が何度かある者にとっては，雪の降る場面や吹雪を想像させるであろう。

　しかし，この対象の子どもたちは，降る雪の中にいた経験がない。また，あるものを別のものに見立てるためには，発達的に2歳を超えていることが必要であるが，そこにはいまだ達していない。

　そうであれば，子どもの実態を把握した上での教材のかみくだきは不足していることになる。

　内田伸子氏（1994）によれば，「まず想像世界をつくる素材として，それまで見たり聞いたりした経験や印象を準備し，それを加工する過程がはじまる。」

　すなわち，想像のためには，そのことにかかわる経験がまず必要なのである。

　障害児教育，特別支援教育において，子どもの顔を思い浮かべて教材研究するということは，その子どもの発達状況や生活経験を考慮するということに留まるものではない。

　当然ながら障害を考慮することが必要である。

　例えば，文字を書く場合，適切な大きさで書いたり，バランスよく書いたりできない子どもがいる。その場合に，その子どもが丁寧に書くという努力をしていないと決めつけないで，教師はその子どもの書く様子をしっかりと観察することである。

場合によっては，文字を構成する線と線の位置関係がうまく把握されていない場合もある。また，マス目の中に書き込めるだけの手指の細やかな動きができない場合もある。
　そのような場合には，教師は位置関係の把握を助ける教材の工夫をすることが必要である。また，手指の細やかな動きを促す教材を準備することも視野に入れておくことは大事なことである。
　むしろ特別支援教育，障害児教育では，このようなことこそ教材研究なのである。
　二次的な教材研究は，具体的に対象になる子どもを前提にして行われる。子どもの実態の把握をしっかり行うことである。子どもに目を配ることである。
　しかし，もう一度教材そのものへ目を向けてみよう。もちろん，それでも子どもの実態との関連を横に置くわけにはいかないけれども，もう一度教材を考えてみよう。
　一次的な教材研究を通して，徹底的に納得のいくまで教材を調べてみるが，二次的な教材研究へと向かう中で，教材を捨てる行為が必要になるということである。
　正確にいえば，教材ではなく教材化する前の調べた素材のうちから残して教材化するものと捨てるものを区分するのである。
　教師の専門性としての「教材化できる評価能力，構成能力」がここに発揮される。従来から「一を教えるためには十を知れ，十を知ったら九を捨てて教えよ」といわれる行為である。
　実際の教材の選定にあたって，有田氏は，次の3点に注意を払っている。
　①　子どものどんな点に対して
　②　教材のどういう内容が
　③　どのように有効か

そして，この3点を仮説として授業に取り組むことが必要だと，有田氏は考えている。

つまり，子どものどんな点かという視点は，子どもの実態を具体的に把握していなければ明確にできないものである。また，教材のどういう内容か，という視点もまた教材を具体的にかみくだいて把握していなければ，明確にできない点である。

①と②についての具体的な把握があってはじめて，③について確かな有効性が評価できるものなのである。

教師にとって面白いと思える教材が目の前にある。一次的教材研究を十分にやって教材をかみくだく，教師の関心のある教材だけに深く調べられている。しかし，そこで，終わってしまってはだめなのである。いくら深く一次的な教材研究がなされても，二次的教材研究が不足していると，授業は，教師のひとり相撲となってしまい，空回りして終わってしまうことになる。

ひとり相撲に終わっても，何がどのように有効だったのか，そうでなかったのかを検証して，次の授業の時間へと進むことになると，次の授業は一歩進んだものになる。

ときどき出会うのは，先の紙吹雪を使った「かさこ地蔵」のような昔ばなしや童話，絵本を取り上げ教師たちによって熱演される授業である。

教師たちの一次的な教材研究の結果，小道具もそろえられ，熱演され，観客となった子どもたちへ昔話が提示される。先生たちの演技に参観者も魅せられる。紙吹雪が子どもたちに吹き付けられる。その風の強さを子どもたちは感じ取る。確かに子どもたちの感覚に訴えている。

この授業の後で，授業で熱演した教師たちが，子どものどんな点に対して紙吹雪がどのように有効であったのかを検討することがあると，次の授業は違ったものになる。

ポイント⑲　教材の鮮度を高くする

教師も子どももどきどきしながら向かえる授業をつくろう。

　もうひとつ，教育実践50年の経験から生まれた，青木氏の文章から引用させていただこう。
　それは，教材にも鮮度があるという見方である。
　「教材にも鮮度がある。鮮度の高い教材は，学習者の学習意欲を高め，指導者の指導意欲をひきたてる」という指摘である。
　子どもは同じ授業，すなわち同じ教材での授業がつづくと飽きてくる。ある養護学校では，単元の計画を30時間程度で立てている。
　それは教師にとって経験的な判断から設定されていることであるが，子どもたちがその教材に関心をもつようになり，学習活動を楽しむ時間数だというのである。
　同じ教材でのある程度の繰り返しは，子どもにとって見通しをもつことにつながり重要である。しかし，指導計画がこの時間数を超えてくると，子どもたちは飽和状態になり，学習活動への集中を欠くことになってしまうらしい。
　有田和正氏も「材料7分に腕3分」という料理の世界の言葉にたとえて，教材の重要性を述べている。教材の鮮度も同じような見立てで述べられているといえる。
　教材の鮮度が落ちると，教師もどきどきして授業に臨めなくなる。そうすると，指導意欲が低下することになる。

ポイント⑳ 教材を視覚化する

> 視覚化とは，教師が子どもに教えたい内容を視覚情報にして伝えようとすることである。

　自閉症児は聴覚的な情報より視覚的な情報の理解がよい，ということを聞いた教師が，教室に多くの写真や絵などをもち込み，使っていることが多い。

　最近は，デジタルカメラの普及もあり，すぐに映像として，子どもたちに見せられることもあって，授業でも映像による教材の提示がしばしば行われている。

　あるとき，私は，次のような質問を受けた。

　「体育などで体育館への移動を，自閉症の子どもに伝えるとき，体育館の入り口の写真を見せることにしているが，それでもなかなかスムーズに移動ができない。どうしたらよいか。」

　写真などのように視覚化したものを子どもに提示すれば，子どもはそれがどこの場所なのかすぐにわかるものだろうか。子どもは見るものをどのように捉えているのであろうか。この体育館の写真を見せた教師にとって，体育館はその入り口で捉えられると考えていることになる。

　「『象ってどんなの？』とたずねると，多くの子どもは，片腕を伸ばしてブラブラさせながら，両足と今一方の腕を使って3本脚で歩いてみせます。つまり『象』にとっていちばん大切なところは『長い鼻』なのであって，それは脚が4本あることよりも重要なわけです。つまり『象』というものを長い鼻で代表させていることになります。」

　これは岡本夏木氏の著書『幼児期』（岩波書店，2005）にある文章である。子どもは，象を長い鼻で代表させているのであり，火事という一連の事象を「ウーカンカン」という消防車の走る音で代表させるという

指摘である。

　岡本氏は，講演の中でこの代表性に触れて，髪の薄くなった自らの頭を例にして，かつて附属養護学校長のとき，2人の知的障害の子どもが自分たちの頭を軽く叩きながら校長室を覗き込んだ様子を話された。

　この2人の子どもは，岡本氏をその頭で代表させて捉え，「校長室に校長はいるか」と覗き込んだというのである。

　戦後すぐ，小学校長を自らやめて，特殊学級の担任になった，「のんき・こんき・げんき」という言葉とともに有名な近藤益雄氏（1975）の詩「わが　あたま」にも次のものがある。

　　わが　あたま
　　まるく　はげたれば
　　この子らが
　　くるくると
　　なずるに　よろし
　　ぴちゃ　ぴちゃと
　　たたくに　よろし

　近藤氏の担任していた子どもたちは，岡本氏を頭で代表させ捉えていた2人の子どもたちのように，やはり近藤氏をその髪の毛のない頭で代表させていたのかもしれない。

　さらに「わたしのあたまに」という詩では「わたしのあたまに　おちつばきひとつのせて　にげたのはあの子」と近藤氏の頭に，いや近藤氏に触れようとする子どもをうたっている。

　話を体育館の入り口の写真に戻そう。

　その自閉症の子どもにとって体育館は何によって捉えられているのであろうか。提示する写真は，どのようなものが，教えたい内容を伝えるかを検討するのに，この代表性の視点は重要である。

ポイント㉑ 単元と題材の意味を理解する

単元や題材は，教材の単位分けの仕方を表したものである。

単元と題材について，私は，かつてこのように書いた（太田，2000）。それは，教育現場で授業案を書く場合に必ず使用される用語にもかかわらず，その意味は曖昧であり，ほとんど考えることなく使用されていたからである。その意味を明らかにしようとした研究の中で書いたものである。

授業案を作成するとき，ほとんどの場合に単元名または題材名を記す。

しかし，授業案を書く教師が，何が単元であり，どういう場合は題材であるのかを理解し，単元名や題材名を書き込んでいるわけではないようにみえる。「単元名（題材名）」や「単元名・題材名」という表記の場合さえある。

ここでは，知的障害教育の授業における単元とは何かについて，その定義や考え方をみておこう。

単元は，「学習内容の有機的なひとまとまり」ということができるが，単なる教材の一部分ではない。単なる教材の一部分をかつては単元と呼んだこともあるが，これは『単元の堕落』であると指摘されている。「有機的なひとまとまり」という視点が重要である。

この考え方の「有機的なひとまとまり」の中には，指導計画の展開における方法的な関連性（まとまり）という意味が含まれている。

すなわち，その授業で取り上げた教材を，指導計画の上で計画，準備，実践，反省という学習活動の展開を行うという関連性を意味しているのであり，計画から反省までの学習活動の関連性を「有機的なひとまとまり」と考えるのである。

それゆえ，知的障害教育における単元とは，数時間から数十時間の指

導計画の上で計画，準備，実践，反省という展開をするような関連性をもった学習活動を行える学習内容のひとまとまりである。

　現在，養護学校や障害児学級の授業において単元で行われているものは，生活単元学習である。これは，例えば単元名「クリスマスお楽しみ会」では，話し合いなどによる計画，飾りつけやお菓子の購入，出し物の練習などの準備，当日のお楽しみ会の実践とその反省というような学習活動の展開がなされる。

　しかし，障害の重度化の中では，計画，準備，あるいは反省という学習活動を行うことが難しくなってきている。そのため，楽しく活動する実践の部分を繰り返し行う題材による授業が多くなる。

　遊びは，生活単元学習で単元として行うこともできるが，子どもの障害の重度化のために，計画，準備は教師が教材研究，授業準備の中で行い，子どもたちが楽しく遊ぶこと（実践）の部分を繰り返す，題材での遊びの指導が行われている。

　作業学習も，以前は作業単元学習と呼ばれ，単元で行われていた。しかし，現在は多くが題材による学習である。その中で単元での授業としてはバザー単元学習があり，多くの養護学校で行われている。

　これは，計画，準備を経て製品をつくり，学校祭のバザーなどで，販売するという当日の活動（実践）があり，バザーの終了後に反省するというものである。

　教科別の指導は，単元としても展開できるが，ほとんどが題材によるものである。

　単元と題材では，指導方法上の違いがあるので，その区別は重要である。

3　特別支援教育の授業での働きかけ

　周到な計画を経て授業の展開にいたる。周到な授業の計画の中には，どのように子どもたちに語りかけるか，教材を提示するか，説明するか，指示を出すか，というようなことも含まれる。子どもたちの応答のこのような様子を誉めようとか，あのような答えを取り上げ板書しようとか，教師は，そのようなこともこの計画の中で考慮している。教授行為というからには，子どもへの教師の意図的な働きかけであり，働き返しである。

　周到に計画しても，子どもと顔を合わせた瞬間，スムーズに話せなくなってしまう場合があるかもしれない。そのような教師がいるかもしれない。あまり計画を立ててこなかったけれども，あるいは急に子どもの前に立っても流暢に話す教師もいる。それが，人と人がかかわる難しさかもしれない。

　しかし，この授業では，子どもたちに何を伝えるか，どのように伝えるか，誰にはどうすれば伝え易いか，考えておくことが大事である。特別支援教育では，子ども1人1人を思い浮かべながら，授業を構想することが必要である。

ポイント㉒ 教授行為とは意図的な働きかけである

> 教授行為とは，授業の中での発問，説明，指示，助言等の指導言，また教材・教具の提示等，教師の子どもへの意図的な働きかけをいう。

　これは，私自身の教授行為の理解である。

　障害児教育では，発問，説明，指示，助言等の指導言を区別しないで，声かけ，言葉かけということも多い。いずれにしても教師から子どもへの意図的な働きかけである。

　もちろん，教師からの意図的な働きかけは，言葉によるものばかりではない。むしろ，言葉の理解が難しい子どもも多い障害児教育では，聴覚的な情報による働きかけではなく，写真や絵などの視覚的な情報による働きかけもしばしば行われてきた。

　ある小学校障害児学級の研究発表会で生活科の授業を参観した。題材名が「楽しい遊園地つくり」であった。

　研究の目的は，子どもたちの課題解決の力をつけることにあった。

　特に，筆者の印象に残っている場面は，みんなで模造紙に描いた動物の絵を教室の壁などに貼るという学習活動である。

　教室の真ん中あたりに座っている子どもたちに向かって，教師が模造紙を「ここに貼ってよいか」と場所を変えながら問いかける場面である。

　子どもたちがある場所で「そこに貼ってよい」と答えた。

　しかし，教師は，「ここは貼りにくい」と子どもたちが「よい」と答えているにもかかわらず，次の場所に移り，また同じように問いかけていた。

　この繰り返しがいくどかあった。このような教師の問いかけ，働きかけでは，子どもたちには何を根拠に貼ってよい場所といけない場所を判

断するのかわかりにくい。子どもたちが課題解決するための考える視点を明示するような教師の働きかけが必要である。

例えば,判断する視点として,「みんなからよく見えるところ」を教師が提案する,あるいは子どもたちに気づかせる働きかけが必要である。

コラム3

教授行為を振り返る

1800年代はじめ,アヴェロンの野生児の教育に取り組んだ青年医師イタールは,思うようにその成果が上がらなかったとき,次のように振り返った。「後戻りして,もう一度はじめからやり直す必要がありました。生徒が私を理解してくれなかった責任は,彼より私にあると確信し,私は勇気をもって取りかかりました」(中野善達,他訳『新訳アヴェロンの野生児』福村出版,1991)。

このような振り返りから教授行為の工夫が生まれてくるのである。もちろん,教授行為だけではなく,教材の工夫であり,授業目標の設定,また実態の見直しも含めて教育方法全般にわたる見直しが行われることもある。教授行為を振り返る。例えば,声かけの内容の変更が必要なのか,声かけのタイミングが悪かったのか,声かけの声の大きさはどうだったのか,そのときの子どもとの位置関係や距離はどうだったか,など。

ポイント㉓ 発問を工夫する

> よりよく課題処理や問題解決するためには，問いをどのように立てるかが重要である。

「発問は明治期から主要な教授の方法であった。」（吉本均，1989）。それだけに，通常の教育の授業研究会では，必ず，その授業で行われた発問を取り上げ，その良し悪しが問われる。

『授業研究用語辞典』（横須賀薫，1990）によれば，発問とは，「授業の中で，教師が子どもに対して問いかけること，及びその問い」のことである。

授業のカテゴリー分析による研究によれば，知的障害教育における授業では，名称，数量，形体などの観察した事実，あるいは過去の学習や生活経験の事実の想起を求める単純発問はしばしばなされる。

例えば，子どもたちにりんごの絵を見せて，「これは何ですか」と問う。あるいは，「昨日，遠足のもち物の勉強をしました。何をもっていくのでしたか」と問いかける。子どもが正しい答えを言うと，教師は「ピンポン，正解です」と大げさにほめる。

まったくテレビのクイズ番組のようである。クイズ的発問といわれたりする。子どもが楽しみ喜ぶという意味ではよいが，子どもが考えるということには，つながっていない。

小学校の授業でこのような発問ばかりがなされていると，子どもたちに思考低下が起こるとまでいわれる。

そこで，授業の中では，思考発問も必要になる。しかし，知的障害教育の授業では，ほとんどなされていない。

比較，分類，概括，推論など事実認知や記憶再生以上の思考操作を要求する思考発問は少ない，というのが，これまでの授業のカテゴリー分

析的研究の結果である。

思考発問は，どうして重要なのだろうか。

「問いによって子どもに問い方，『学問の仕方』を教えていく。これが発問の特質である。」

明治期の発問の研究から，発問の特質がこのように指摘されている（豊田久亀，1988）。この特質を端的に表すのは，「代理問」という言葉である。

発問の特徴は，代理問である。例えば，月曜日の朝，教師は，子どもに「昨日の日曜日，どこかに出かけた？」と話しかける。これは，質問しているのである。

一方，教科書に男の子が日曜日に外出した話があって，教師が「男の子は，日曜日にどこに出かけましたか」と問いかけるのは，発問である。

この場合，教師は，男の子の外出先を知っているが，子どもたち自身が自らにそのように問いかけるためのきっかけとして，またなんのために出かけたのだろうか，そのときどんな気持ちであったのかなどと考えを巡らせていくための問いである。

つまり，教師が子どもたちの代理でまず問いかけてみるのである。

ポイント㉔ 考えることを促す発問をする

生活単元学習では，自ら問う子どもを育てたい。

　養護学校や障害児学級では，調理して食べる活動が授業でしばしば行われる。
　ある研究会で次のような障害児学級での実践の報告（中村重幸，2004）をきいた。そこでの発問の例を取り上げてみよう。

〈生活単元学習〉
単元名：「おいしい！　野菜クッキング」
単元目標
　① 以前の経験を思い出しながら，できるだけ自分たちの力で『野菜スープづくり』の活動ができるようになる。
　② 手順図や他の掲示物を見て，することや気をつけることを確かめながら活動ができるようになる。

　学習活動の中心は，「調理の手順書を見ながら，野菜スープをつくる」ことである。
　この授業展開の中で，教師の発問に次のものがあった。

発　問
　・「次は？」
　・「気をつけることは？」
　・「これで大丈夫？」
　手順書を見ながらつくるという学習活動は，しばしば行われている。この発問は，授業案の本時の展開の支援の中では，「活動が進んでいる

段階では，安全に関すること以外は担任からの指示はできる限り控え，『次は？』『気をつけることは？』『これで大丈夫？』など，考えることを促す言葉かけをする」と記されたものである。

「次は？」という教師の発言は，「授業の中で，教師が子どもに対して問いかけること，及びその問い」という発問の辞典的意味からして発問であり，「過去の学習や生活経験の事実の想起を求める」単純発問である。

これは，単元目標①にある「以前の経験を思い出す」ためになされたものである。

しかし，「できるだけ自分たちの力で」野菜スープづくりができるためには，この「次は？」という発問のタイミングが難しい。それは，経験を思い出すのも，思い出してスープをつくるのも，できるだけ子どもたち自身が行うことだから，この発問のタイミングが早すぎれば，子どもたち自身が思い出し，つくることにはならないからである。

代理問として「次は？」を考えると，子どもたち自身が手順を思い出し考えるために，自らに「次は？」と問いかけられるようなタイミングでの問いかけが重要になる。

「気をつけることは？」「これで大丈夫？」という問いかけは，単元目標②にかかわるものであるが，この発問によって，子どもたち自身が行えるようになってほしい自らへの問いかけである。

単元目標②を達成すること，すなわち「手順図や他の掲示物を見て，することや気をつけることを確かめながら」活動できることは，この発問が，比較，分類，概括，推論など事実認知や記憶再生以上の思考操作を要求する思考発問としての力を発揮するということである。

ポイント㉕　イメージがわくような発問をする

感覚を基礎にした問いかけが大切である。

斎藤喜博氏（1964）は次のように述べている。
「私は，教師は授業のなかで，具体的な感覚的なイメージが，子どもの頭のなかに，つぎつぎにわくような発問をすることが極めて大切であると考えている。」
どの教師も先の生活単元学習でのベテランの先生のようにはいかないかもしれない。それは，発問があまりにも端的過ぎるように思えるからである。
実際の授業の中では，子どもたちは，実際に野菜スープをつくりつつあるから，その活動に合わせて問いかけるタイミングによって思考発問としての力を発揮できたのであろう。
しかし，もう少し，言葉での説明を加えて，問いかけることが，一般的には大事になる。
「気をつけることは？」と問いかけたとき，子どもたちの頭の中に何がイメージできるであろうか。
「これで大丈夫？」と問いかけて大丈夫か否かを比較できるようにすることである。目の前に見えているから，比較できるわけではない。
スープづくりのどの場面かにもよるが，例えば，スープが出来上がったときであれば，「これで大丈夫？」だけでなく，「味はどうかな？」「ショッパイかな？」「味見してごらん」などと何が大丈夫か，具体的感覚的なイメージをもつような言葉を付け加えることが大事である。
発問の原則といわれることのひとつに「ある人物の行為の意味を子どもたちに気付かせたいのなら，その人物の行為を焦点化した知覚語と，その人物の知覚行為の対象を焦点化した言葉で問え」ということがある

（浜上薫，1994）。

　この場合，知覚語というのは，「見る」とか，「聞く」などの人間の五感に関する言葉であり，知覚行為の対象というのは，「どこ」とか，「誰」とかいうような，その人物の行為の対象のことをいっている。

　例えば，有田和正氏が「バスの運転手さんの仕事がわかる」ことをめあてに行った発問「バスの運転手さんは，どこを見て運転していますか」とか，向山洋一氏の発問「電車の車掌さんは笛をふきますが，誰に聞かせるのですか」等がそれである。

　バスごっこや電車ごっこの活動をすることを伴いながら，このような発問をすることで，問いかけられた子どもたち1人1人が，バスの運転手さんに，あるいは電車の車掌さんに"なって"みることで，バスの運転手さんや電車の車掌さんの視点をとり，その仕事の大変さがわかってくるのである。

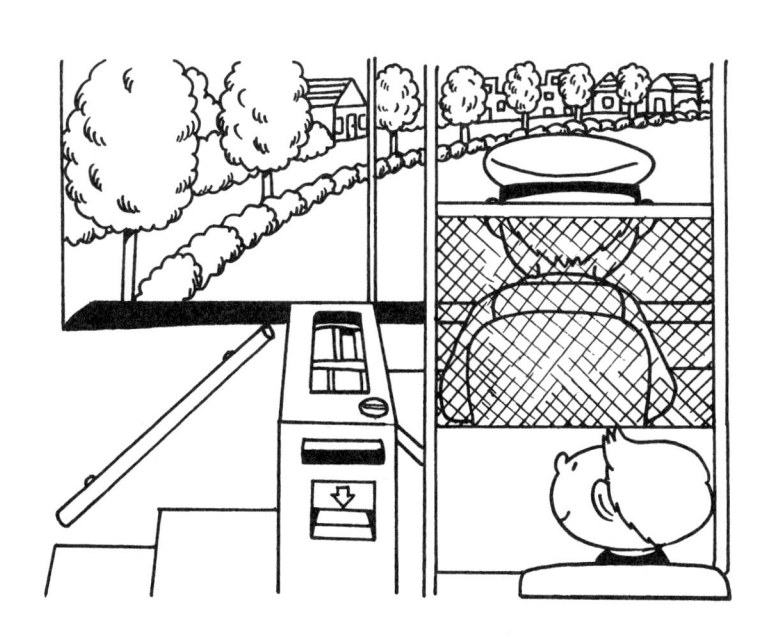

ポイント㉖ 応答を確認する

子どもたちの反応を確かめながら，話しかける。

　これは，私自身の言葉である（太田，2003）。授業の中での子どもの視点を大切にしながら，すなわち子どもの反応を確かめながら問い掛ける例を挙げておきたい。

　運転手さんや車掌さんの視点にかかわる発問は，小学校での実践例の中にあるものである。そして，発問の意図は，「ある人物の行為の意味を子どもたちに気付かせたい」ということであり，そのために「その人物の行為を焦点化した知覚語と，その人物の知覚行為の対象を焦点化した言葉で問え」ということであった。

　その結果は，知覚行為をしている人物になってみて，その視点をとり，そこから行為の意味を理解するということである。この誰かに"なって"みる前に，子ども自身が自分の視点をはっきりすることが，養護学校の授業では必要である。子どもの視点をきちんと捉えながらの発問の例である。

　ある知的障害養護学校高等部の作業学習の例を挙げて，そのことの重要性と難しさを考えてみよう。

　次に挙げる例は，「授業における共感」の研究のために観察された場面である（早川透，2003）が，正確に観察され記述も細かくなされており，まさに子どもの視点に関するものであるので，そこから少し長くなるが，抜粋させていただこう。（著者の許可を得て，文意を損ねない範囲で若干の表現を変更させていただいた。）

　　教師がはじめてある生徒と一緒に鋸挽き（部材切断）の結果を確かめようとした場面である。

3 特別支援教育の授業での働きかけ

　教師は,「切ったやつ（部材）見とこか。同じ長さかどうか」と生徒が並べかけていた部材から長い方の部材2本を取り出す。

　そして,教師は2本の部材を机の上に揃えて立て,部材の先端を指先で触りながら,「おなじ？　ながい？　みじかい？」と問い掛けた。教師は,生徒の右横にしゃがみ,長さの違いが見えやすい姿勢と目の高さで見ている。

　生徒は,立ったままの姿勢で上から見ている。その視線は,部材の先端部に注がれているというより,もう少し広い範囲を見ているようにみえる。教師の問い掛けに,生徒は「ながい」と答えたり,「おなじ」と答えたりしている。

　この後,生徒は,視線を窓の方へ向けながら部材の先端を掴み,もち上げようとする。教師はその手を制止して「見てよ」という。生徒が視線を戻すと,教師は生徒の視線が戻ったことを確かめて,2本の部材を交互に指差し,「おなじですか？　ながいですか？　みじかいですか？」と問い掛け方を変える。

　しかし,生徒の視線はすぐに部材から離れてしまう。生徒は,窓の方に視線を向けたまま,手で2本の部材の先端を同時に軽くたたくように触り「そっち,そっち」といかにもいい加減な答えを繰り返す。

　教師は,生徒の方に視線を向け,生徒が視線を窓の外に向けたまま部材を見ずに答えている様子に気づく。教師は,問いかけを中断し,生徒が何を見ているのかを確かめるように,生徒の視線を追い,そこに自分の視線を重ねて,生徒の視線の先を見る。

教師は,子どもの視線を確認しながら,問い掛けていることがわかる。しかし,それだけでは,問い掛けがむずかしいこともわかる場面である。

ポイント㉗ 説明のし方を工夫する

> 説明のときは，その言葉を簡潔に明瞭にして，言葉以外の伝える手段も工夫する。

　大西忠治氏（1991）の「『発問』なしでも授業はできるが，『説明』なしでは授業はできない」という言葉に接してみて，言われてみれば確かにそうだなと思う。

　子どもに問いかけることがなくても，その時間の授業について，これから行う学習活動について説明することなしには授業を進められない。

　『授業研究用語辞典』（横須賀薫，1990）には，「児童・生徒にとって未知の現象，概念，知識などについて，すでに知っている概念（言葉）を使って，わかりやすく述べること」と記されている。

　養護学校や障害児学級では，未知の現象，概念，知識について説明しない授業もあるかもしれない。しかし，その授業でどのような学習活動を行うのかの説明は必ず行っている。

　その意味では，「……など」の部分の説明が必ず行われるということになる。その場合，「すでに知っている概念（言葉）を使って，わかりやすく述べること」が鍵を握っている。

　説明は，引用の辞典のように一般的には「……述べる」という行為である。つまり，話し言葉による。養護学校や障害児学級での授業では，言葉かけや声かけといわれる教授行為のひとつということになるが，その行為によって子どもが「わかる」ということが重要なので，言葉以外の伝える手段も工夫することが必要になる。

　私が共同研究者として長年参加してきた養護学校では，授業を行う際の配慮点として次のようなことが工夫されている（太田他，1994）。少し長くなるが挙げてみよう。

① 基本的に子どもが"見ること"によって状況（課題）を理解できるように授業を設定する。
② 授業（学習）の導入段階には子どもが授業展開（場面状況）を見通せるように，子どもにとっては"見る授業"であり，指導者にとっては子どもの注意を引き付け理解の状況に応じた"見せる授業"である示範授業に必要な時間をかける。
③ 授業の形式は基本的に同じものとし，子どもが繰り返しによって状況（課題）を理解できるようにする。そして，変化を付ける際には部分的な変化を積み重ねるようにする。また，大幅な変更を加える際には，"見せる授業"による導入を徹底する。
④ 教室経営については，不要なものを子どもの視界から外し，提示した教材に注目させることを効果的に行えるようにする。教材の提示は活動のまとまり毎に，順序だてて行う。
⑤ 集団による指導を基本とし，その中で必要に応じて個別の配慮による指導を行う。
⑥ 子どもへの指導は，言葉のみによる指導にならないように配慮し，表情や身振り，手振りによるコミュニケーションも大切にする。
⑦ 子どもに対する言葉かけ（非言語的なコミュニケーションも含めて）は，短いフレーズで的確に繰り返し行い，一貫性のあるものになるようにする。また，全体への言葉かけに加えて，必要に応じて個別の言葉かけも行う。
⑧ 指導者側の一方的な都合による区切りを付けた授業を行うのではなく，子どもの活動のまとまりで区切りを付けた授業を基本的に大切にする。

この中で，話し言葉に直接触れているのは，⑦だけであるが，子どもにわかりやすくするためには，他の7項目の配慮が必要だと考えられているのである。

ポイント㉘ イメージしやすい説明をする

子どもが聞いた話の内容を思い描けるように語ることを，教師は心がけよう。

黒田耕司氏（1987）は，『現代授業研究大事典』の「説明」の項目の中で「聞くとは言われたことをみることであり，話すとは目にみえるイメージを描くことである」と述べている。

教師が子どもに説明するとき，その言葉によって子どもは見ているようにイメージを描くことができなくてはならない。「講釈師，見てきたような嘘を言い」といわれたりする。話すことを仕事にしている人は，見てきたように語り，それを聴いている人がまるで見ているように聴く状態をつくることが大事である。

先に挙げた授業の配慮点では，「子どもが"見ること"によって状況（課題）を理解できる」ことが重視されている。「見えるように話す」教師の工夫は常に続けた上で，しかし，子どもたちの発達の状況から，言葉だけによって見えるようにすることの限界もあり，「見える状況（課題）づくり」も一方で必要である。

黒田氏のいう「目にみえるイメージを描く」ことにおけるイメージは，頭の中に見ているように思い描く像，いわゆる心像のことだと理解してもよさそうである。

子どもの発達の状況との関連で，説明の際の教師の工夫を考えるために，例えば，発達検査の項目で，このようなイメージに関連する事柄をみてみよう（生澤雅夫他，1995）。

生後1歳3カ月を超え，1歳6カ月までの検査項目に「予期的追視」がある。判定基準には，「走らせた玩具の自動車（またはボール）の出て来る所を，あらかじめ注視する」となっている。

また，検査の説明には，「目の前で移動する玩具に興味をもち，動きを追視できるか，玩具の一部，又は全部が隠されても興味が持続するか，衝立の後ろを通るときにも運動の持続を知り，玩具の出て来ることを予想して待っているかをしらべる」とある。

つまり，1歳3カ月を過ぎる頃には，目の前にいったん見えなくなったものを，極めて短い時間であれば，記憶していて，次に出てくることを予想できるのである。

この場合，子どもが目の前に見えなくなったものを予想するのは，例えば母親の説明によって（言葉によって）なされるのではなく，直前まで見えていたものによってなされるのである。

特別支援教育における授業の中で，教師が説明するとき，言葉だけによるのではなく，イメージを引き出すために補助物，例えば，写真や絵または実物などを使うことも必要である。しかし，それは，あくまでもイメージを引き出す補助物であることを押さえておきたい。

ポイント㉙　子どもを理解してイメージを引き出す

> イメージを引き出す説明は，子どもの生活状況や発達状況を考慮して組み立てる。

　予期的追視は，検査であり，検査場面でのことである。日常場面で子どもが慣れ親しんだ人に対してどのような観察がなされているのであろうか。中沢和子氏（1979）の10カ月児についての次の報告がある。

　「テーブルやこたつの回りにおとなが集まっているようなとき，このころの赤ちゃんを抱いて座り，『おばあちゃんは？　おばちゃんは？』と聞いていくと，よく知っている人ならば間違いなく子どもはその人に視線を向ける。父親がその場にいないときなどは，『パパは？』と聞くとまずあたりを見回し，『いない……』という表情を示す。つぎに部屋の出口の方をみる。もしそれまでにバイバイを教えられている子どもならば，わずかに手を動かすしぐさをすることもある。」

　このことに対して，中沢氏の解釈は，「これは，まず父親のイメージを取りだし，その場にいないことを確かめ，それから父親がでかけたイメージを二次的に引きだしていることを示す」というものであり，「イメージを取り出し，内部で動かす」という〈イメージの操作の始まり〉をみている。

　もう一度，発達検査をみてみよう。自動車を使った予期的追視にいたるまでにどのような検査項目があるだろうか。まず，生後５カ月を超え６カ月にかけての検査項目に，「玩具（車）の追視」がある。「走らせた玩具の自動車を追視できる」のか否かをみている。６カ月を超えて７カ月にいたるところに「半分隠れた自動車を取り出す」という「部分隠し」の検査項目がある。これは，「直接自動車をもって出しても布を取り除いて出してもよい。」さらに，「全体隠し」という検査項目が，８カ月を

超えて9カ月のところにある。この判定基準は,「布を除いて自動車を取り出す」ということである。1歳を超え1歳3カ月までのところに「包み込む」という検査項目が置かれている。「包まれた自動車を取り出す」が,判定基準である。その次の1歳3カ月を超えて,予期的追視の検査項目がある。

　中沢氏の観察は,10カ月の子どもであった。9カ月におかれた「全体隠し」とあわせて考えると,9カ月から10カ月の子どもは,目の前で対象を見せられることによって,その直後か,極めて親しい人であれば,しばらくのちでも,言葉によってそのイメージをもつことができるということである。

　このような発達的視点をも十分考慮して,授業での説明を組み立てることである。しかし,子どもたちの発達年齢がどのくらいかを知っただけでは,説明は組み立てられない。「早送り」の言葉で,早いスピードで走ることがイメージできる子ども,新しいことや人との出会いを「新番組」という子ども,時間割の変更を「スペシャル」と表現する子どもなど,言葉と子どもの経験の結びつきは様々であり,ある言葉によってイメージされる内容も子どもによって異なる。それだからこそ子どもの生活をよく知ることである（太田,1997）。

　「活動の説明は,子どもたちがイメージできるような言葉を使って説明する。」この文章は,説明の言葉を選ぶことの重要さを指摘した,小川隆雄氏（1992）の言葉である。ある自閉症の子どもは,卒業式を「○○小学校最終回」と言ったという。この結びつきは,大好きなアニメの最終回と友達が去ったこととを重ね合わせてのことである。小川氏自身は,さつまいもの苗を植える作業を苗の寝るベッドをつくるという表現で説明した例を挙げている。そう説明することで「子どもたちの頭にどうするのかというイメージが浮かんでくる」と指摘する。寝ることは,子どもたちの毎日の経験の中にある行為である。

ポイント㉚ 指示の出し方や内容を工夫する

> 日常的なものであるが故に，その行為の子どもたちに与える影響は大きいと考えられる。

　これは，指示について書いた私の文章（太田，2000）である。指示が日常的な教師の教授行為であるということは，授業の中で教師がしばしば指示を出しているということである。
　また，日常的なものであるが故に大きな影響を子どもたちに及ぼしているということである。先行の授業分析による研究を参考にすると，知的障害養護学校の授業では，指示が使われることがかなり多い。
　ある知的障害養護学校高等部での授業である。「協力して作業をすすめる」を授業目標とした，題材名「卒業生への記念品つくり」での一場面である。
　Ａ君，Ｂ君，Ｃ君の3人が版画を摺っている。Ｂ君とＣ君が版木の上に被せた紙のそれぞれの端を押さえ，Ａ君がその紙の上をバレンでこすっている。Ａ君がＢ君に「もういい？」と尋ねる。Ｂ君は何も言わない。その様子を見ていた教師がＢ君に「でてないところを言ってあげて」と指示する。
　授業目標「協力して作業をすすめる」から考えて，タイミングのよい指示であるといえる。
　生徒間で，一方が尋ね，他方がそれに答え，作業が進むということは，そこに協力するという関係が成り立ったといえる。それを促進した指示は有効な授業の手立てであった。
　もうひとつこの指示がよかったのは，Ａ君の判断力を育てるような指示であったところである。この指示では，Ｂ君のもつ判断基準によって，「もういい」か否かの判断を求めてはいない。すなわち，指示の内

容としては,「もういいよ」とか「まだ」とB君がA君に答えるようには指示しているわけではない。

「でてないところを言ってあげて」という指示の内容は,「でてないところ」をA君が聞いて,もうこするところはないか否かを判断するということになる。

このことは,子どもの主体性や判断力を育てる教育にとって,とても重要なことである。

主体性を大切にする,意欲を引き出すことを大事にすることを標榜する知的障害児教育の授業において,問題は,指示待ち人間をつくるという指摘がありながら,それを克服するための指示の出し方や内容に工夫がないことである。このことには,十分に気をつけたいものである。

障害児教育では,教師の言葉による働きかけを発問,説明,指示というような用語を使わずに,声かけ,言葉かけとして,一括して呼んでいることが多い。声かけや言葉かけといういい方をする場合にも,その使い方や内容に気をつけることは必要である。

ポイント㉛ 言葉かけに気を配る

教師は，常日頃から話し方に気を配っておくことが大事である。

北海道立特殊教育センターの研究紀要（1997）は，「担任の何気ない一言で，児童生徒によっては意欲を与えたり，何をするのかよく分かったり，反対にやる気をなくしたり，とまどったりということがみられる」と指摘する。

障害児教育の分野では，発問，説明，指示，助言などの，言葉による教師の働きかけは，言葉かけや声かけとしてひとまとめに呼ばれることが多い。この研究紀要では，その言葉かけの言葉，言い方に注意，工夫をすることで子どもの意欲や理解などへの影響が違うことから，「意欲のでることばがけ」として16項目を表にまとめている。

ここでは，そのうち4項目について抜き出して引用させていただこう（下表参照）。

意欲のでることばがけ

意欲をなくし，混乱する言葉がけ	見通しがたち，意欲のでる言葉がけ	相　違
(1) あと少し，がんばれ	(1) 赤い線のあるところまで，3回できたら終わりだね	・具体的目標
(2) ……	(2) ……	
(3) だいたいまとめなさい	(3) 主人公の気持ちをこの欄に5行で書こう	
(4) ……	(4) ……	
(5) 静かにしなさい	(5) 先生小さい声で話すから，○くん口を閉じて話を聞こう	・肯定形の言葉で言う
(6) ……	(6) ……	
(7) 教室から出たらいけません	(7) ・5分たったら戻っておいで …… …… ……	・指示を明確に条件つき肯定

この表では，特に「相違」の欄に注目したい。

ここには，「意欲のでることばがけ」が，そうでないことばがけとどこが違うのか，その相違点が明示されている。例えば，項目(1)では，単に「がんばれ」と言うのではなく，具体的に「3回できたら」と目標を示す。「だいたいまとめなさい」ではなく，主人公の気持ちを「この欄に5行で」書くように具体的に指示する。また，行動の否定でなく肯定の形で示すことも大事である。それは，例えば，「静かにしなさい」ではなく，「口を閉じて話を聞こう」と声をかける，ということである。

この表を見ると，どのようなことに注意して，言葉かけの言葉，言い方に工夫したらよいのかがよくわかる。

授業中，いままさに教室を出て行こうとする子どもがいる。読者のみなさんが，その授業者であれば，どのように言葉をかけるのであろうか。項目(7)に「教室から出たらいけません」という指示ではなく，「5分たったら戻っておいで」という言葉かけが挙げられている。そして，「相違」欄には，「指示を明確に条件つき肯定」と記されている。

研究紀要の表では，他に3つの言葉かけの例が挙げられている。読者のみなさんならば，どのような条件の肯定的な言葉をかけるか考えてほしい。

教師は，日々の自分の言葉づかいに注意しないと，必要な場面で適切な言葉かけができなくなる。常日頃から話し方に気を配っておくことが大事である。その意味で，この表の言葉かけを参考にしたいものである。

さて，先ほどの他の3つの言葉かけは，次のものである。
・廊下は静かに歩いてよ
・チャイムが鳴ったら戻るんだよ
・靴を履いていこうね

とっさに出す言葉が「だめ」という言葉でなく，条件つきの肯定の言葉で明確に指示したいものである。

4　特別支援教育の授業での学習活動

　授業での学習活動は，教師が意図的に設定した活動である。ある内容を学習するためにより適切だと教師が考える活動を設定したものである。
　私は，二十数年前に松尾芭蕉の有名な句「古池や蛙飛び込む水の音」の鑑賞をする授業を知的障害養護学校中学部で行った経験がある。このときは，句を声に出して読む，寸劇で動作化する，実際に田んぼに出て蛙を捕まえる等，の学習活動を設定した。
　手のひらにのせた蛙が水に飛び込むまで，見つめる子どもたちの間には，ごく短いが，はりつめた時間があった。子どもたちは，その緊張した面持ちの中にまさに芭蕉の名句に盛り込まれた古池の静寂とそれを破る蛙との間の緊張感を感じとっていた，と私は思う。
　どのような学習活動を設定するのか。どのような授業目標なのか，教材の特徴は何か，それらのことと子どもの学習特性を踏まえて，学習活動を考えることである。
　場合によっては，学習活動の時間も，45分や50分というような1校時の時間にこだわらずに，柔軟に適切に決めることである。

ポイント㉜　学習活動を常に工夫する

子どもが自ら動き出し，戸惑い，考え，工夫する学習活動を，教師が工夫してつくる。

　学習者のやる気とか主体性を大切にするということに限らず，教師は，学習活動を常に工夫をしてつくっていくことが重要である。
　私は，学習活動とは学習目標への到達を目指して学習内容を学習するための教材へのかかわり方である，と考えている。
　例えば，国語の教材としての教科書へのかかわり方を考えてみよう。
　考えられる学習活動は，教材の文章「を読む」，「を書き写す」，「について話し合う」，「から考えたことを発表する」，「の重要な箇所に線を引く」等が挙げられる。
　学習目標によって，どの学習活動がもっとも効果的に目標に迫るものであるのか，そのあり方を工夫することが大事である。
　十亀史郎氏（1988）の話に次のようなことがある。
　すなわち，「視覚によって分類するという教材などよりも，畑で雑草と作物とを区別して，雑草の方を抜くということの方が，たとえば，おなじような分類的な判断ということをやるにしても，よくよく重要な体験である」。
　ここでは，分類的な判断力をつける場合，例えば，机上での絵カード等の視覚分類課題を行うという学習活動よりも，雑草と作物とを区別して雑草を抜くという学習活動を設定することが教師の工夫である。自閉症の子どもにとっても生の体験（学習活動）が重要であるという十亀氏の指摘である。
　これに対して質問がなされている。それは，しいたけの収穫で，見本を見て収穫してよい大きさのものが取れず，小さいものをとってしまう。

そこで，弁別訓練で大小比較をして，ある程度大小の概念ができたら，大きさの見本を見て適切な大きさを見分けるようになった。この例を挙げて，机上の教材での学習から生の体験へという方向がありえるかという質問をしている。
　しかし，十亀氏の話では，生の体験と机上での教材での学習活動が比べられているのではない。机上での教材による学習が成立していくための原初的な経験，土台として生の体験（学習活動）が重要と考えられているのである。「教材は教材として受け止められるということのためには，もとになる経験，原初的経験が必要ですね」とこの質問に答えている。
　ここでは，原初的経験ということも含めて，いろいろな条件を考慮して，生の体験をも学習活動として考えておこう。
　このような学習活動を，佐々木昭氏（1993）は，次のように分類している。

　〇受容的な学習活動
　　①　聴取的活動……講義法，問答法，聴覚教具，音楽鑑賞，面接
　　②　観察的活動……視覚教具，野外観察，見学，絵画等鑑賞
　　③　読書的活動……図書類・各種文章読解
　〇表現的な学習活動
　　①　談話的活動……発表，報告，報道，討議
　　②　実践的活動……動作化，製作，描画，構成，実験，実習，飼育，栽培，歌唱，器楽，作曲，行事，練習，体育的
　　③　作文的活動……作文，詩歌等創作

　実際の授業では，これらの学習活動を効果的に組み合わせて，授業を展開することになる。知的障害児の場合には，実践的活動として挙げら

れている学習活動が効果的であり，しばしば行われている。知的障害児教育においては，まさに身体を動かすというような実践的活動が中心になっている。

　これまでも「精神薄弱教育は，腰掛けてする授業でなく活動的な授業が適しています。学習指導要領に示す各教科の具体的内容は，活動するという表現になっています」といわれてきた。宮崎直男氏（1985）は，このように指摘して，活動を便宜的に精神的活動と身体的活動に分け，活動的な授業というのは身体的活動を中心としており，遊びの指導，日常生活の指導，生活単元学習，作業学習は，この活動を中心とした授業形態であることを述べている。

　このことは，学習活動の中心には身体的活動が置かれているということである。ここで注意しておくことは，学習内容が「活動するという表現になっている」からといって，学習内容が学習活動であると考えてはいけないということである。

ポイント㉝ 学習活動を学習行為として意識する

　学習活動は，教師が期待する授業中の子どもの行動だけを意味するものではない。むしろ，それは，教材にかかわって，子どもが行う解釈とその表現からなる子どもの学習行為である。

　教授行為は，単に授業中の教師の行動を示す用語ではなく，教材の解釈を伴う教師の授業意図に基づく，その意図の表現行為である。

　同じように，1時間1時間の授業の中で行われる子どもの学習活動は，子どもがその授業で提示された教材にかかわり，それを解釈し，その解釈に基づき子どもがもった意図を表現していく行為である。

　すなわち，授業案の計画段階では，学習活動であるが，実際の授業ではこのような学習行為と呼ぶほうが適切である。

　障害児教育においては，授業目標（学習目標）は，評価ができるか否かの視点から，行動的な記述が求められることが多い。そのために，行動目標として記述されていることと学習活動が同じであるような授業案もみかける。

　しかし，目標はあくまで目標であって，行動的な記述がなされていても学習活動ではない。例えて考えてみよう。野球の投手のピッチング練習を考えてみると，目標として「右打者の外角低めに投げる」を挙げると，学習活動で「右打者の外角低めに投げる」としたのでは授業は成り立たない。学習活動で「右打者の外角低めに投げる」ことができるならば，すでにその投手にはできていることであるので，そのことが目指す目標にはならない。

　授業案に記述される学習活動としては，「捕手に向かって投げる」というような目標に至る一歩手前の行動で，現在その子どもができている行動である。

子どもは，この学習活動をやる中で，教師の支援や留意する手立てとして行われる，例えば「捕手は，右打者の外角に姿勢を低くして構える」とか「ミットの縁を見やすいように色づけする」などによって，投げる目当てが明確になり，「右打者の外角低めに投げる」ことができるようになればよいのである。

　子どもは，現在できる行動が学習活動として授業の中に設定されていると，その授業に参加できることになる。だから，その学習活動を目標の行動にまで引き上げる教師の支援，手立てが工夫されていないと，1時間の授業の中では目標の行動に至らずに現在できる行動に終始することになる。

　教師の支援や手立てを教材との関連でいえば，新たな解釈の視点をもてるような教材の工夫やその提示の工夫が必要になるのである。まだ文字の読めない子どもにとって，「文字を読める」ことを学習目標にするが，学習活動にはできない。「文字を読める」ことを目標とすると，「読んでいるのを聞く」「1字1字指し示された文字をモデルの真似をして読む」等，現在の力でできることが学習活動になる。

　このような学習活動を積み重ねることを通して，子どもは，「文字を読める」という目標へ到達するのである。このときの手立ては，「1字1字指し示して読んでみせる」であり，「読み聞かせる」である。

　知的障害養護学校中学部の校内オリエンテーリングの授業を参観した。目的地の示された地図や写真を見て（読んで），目的地に行き目的物（色カード）をもってくるという学習活動である。子どもの実態によって，地図を使用するか写真を使用するかは異なっている。

　ある子どもは，出発場所から直線で100m程先の目的地の写真を見ながら目的地（プール）へ行って色カードをもってくるという説明を受けて出発した。ところが，プールの前まで2度，3度と行くのであるが，そこでしばらく立ち止まって，また出発場所まで戻ってきてしまうので

ある。

　おそらく，立ち止まったときに，色カードがその子どもの目に留まれば色カードをとって帰ってくることができたであろう。しかし，立ち止まったときにあたりを，ましてプールのほうを見て色カードを探す仕草をしたわけではない。その子どもにとっては，写真を見ることによってプールの前まで行くことはわかった。すなわち，その子なりの教材の解釈では，プールの前まで行くことは理解できたのであり，プールの前まで行くという学習行為となったのである。

　しかし，色カードを探してもって帰るところまでは意識されなかったので，色カードを探すという学習行為はしなかったのである。だから，さらに色カードを取りだすところの写真などの教材の準備が必要であったと考えられる。この子どもは，プールの前まで歩いていくこと，色カードを取り出すこと，それをもって帰ってくることなど，この授業で学習活動として取り上げる行動はすでに獲得している。その意味では，学習活動は適切であった。その学習活動を支援し，授業目標に到達するようにさらに手立てが必要であったといえよう。

　もう一度，学習活動と授業目標との関係を考えておこう。スキルや行動の学習のような場合，学習活動の行動は，行動目標での行動よりも容易なものになっていることが重要である。先の投球での例のように，行動目標では「外角低めに投げる」であり，それより容易な「捕手に向かって投げる」ことが学習活動であり，この学習活動へ「捕手が姿勢を低く構える」などの支援，手立てが行われて，行動目標が達成される。

　しかし，「……理解する」「……楽しむ」を行動で表した「……計算できる」「……楽しく大きな声で歌う」のような兆候としての行動目標は，表記されている行動目標の行動以外の表し方も可能である。それ故，このような行動が獲得されることだけが授業の目標ではない，ということも教師は理解しておく必要がある。

ポイント㉞　学習活動を効果的に選択する

> 子どもは学習活動によって，学習を進展させ，目標に到達していく。それ故，学習活動の選択は，授業の組み立てにおいて重要である。

　先のように学習活動を分類している佐々木氏（1993）は，「このような，多様にある学習活動は，それぞれに特質をもっている。そこで，このなかから学年，教科，教材に応じて選択したり，効果的に組み合わせて展開することが大切になってくる」という。

　特別支援教育の場合には，学年，教科に応じて選択するということは少なく，子どもの発達の状況や障害の特性によって学習活動を選択し，工夫することが多くなる。

　私が知的障害の子どもたちに行った俳句の授業を例に考えてみよう。まず，考えられる学習活動は，俳句の創作と鑑賞である。私が取り上げたのは，鑑賞である。実践では，この鑑賞という学習活動を子どもの実態と授業目標から工夫することになる。

　この実践は，当時（太田，1988），『実践国語研究』に発表し，藤原宏氏（1988）にコメントをつけていただいている。学習活動と教材の関係がよくわかるので，次にそのコメントから引用させていただこう。

　「この指導事例では，名句と言われている俳句の傑作と直接にちえ遅れの生徒とを対決させながら，生徒の感性を生かして言葉の1つ1つの受け止め方が体得できるよう工夫が凝らされている。まず，教材としてどのような条件を具備した俳句を選べばよいか。93ページの（1）の①，②，③に具体的な提案がされている。そして，さらに学習活動として，（2）の①，②，③のように音読（暗記），動作化，実際体験を重視した

方向が示され，かつ，それらの学習活動がどの程度に成功を収めたかが実践とともに記されている。」

　一般的に，俳句の鑑賞の授業では，身体的活動よりも精神的活動による学習活動が中心になると考えがちである。しかし，子どもの発達の状況や障害の特性などからどのような俳句が適切であるかを考え，教材を選択し，より身体的活動を学習活動として組織することが重要である。
　障害児教育では，教材や学習場面（空間），活動時間を構造化や視覚化するなどして，わかりやすくすることの重要性が指摘されている。例えば，教材の提示では，教師が話すだけでなく，できるだけ視覚に訴えるようにする。つまり，絵，写真，実物などによって，子どもに見せる工夫をするのである。
　構造化や視覚化することによって，それに伴う子どもの学習活動も規定されてくる。授業中に教室の中を動き回る子どもの場合，空間を構造化し，活動の場所を限定することによって，子どもの動線が明確になり，学習活動に一定の流れができたりする。これらの教材などの構造化，視覚化などの用語は，学習活動に焦点をあてて考えれば，学習活動を限定し，組織する方法である。

5　元気のでるひとこと（12カ月）

　毎年，夏休み（先生たちにとっては，昔のように夏休みではなく，研修期間だが……）に私が担当していた認定講習会で，先生方の元気がなくなってきたように感じていたとき，タイミングよく，「先生を元気づけるような文章をかいてほしい」と，ある雑誌の編集者から依頼がきた。それで1年間書き続けた文章である。

　毎月，先輩教師の言葉を取り上げた。それがご縁になって関係者の方から講演依頼を受けたりもした。あるとき，1通の手紙が来た。雑誌に父の名前を見つけ手紙を書いたのだという女性教師からであった。退職して二十数年になられるというその先輩教師は，80歳半ばになっておられるようである。いまは，かつて「障害児にかかわっていた時代の父を，忘れかけている今日この頃」だったが，その言葉によって教師の「先輩である父を改めて理解しなければいけないかなあという気がして」きたと書いておられた。

　「感謝の気持ちでいっぱいです」というこの手紙の結びの言葉は，私にとっての元気のでるひとことになった。

| ポイント㉟ | 4月：校門の外の教室 |

校門の外にだってすばらしい教室がある。

　春4月，桜の開花とともに学校の1年が始まる。実際には，桜の花がすでに散ってしまった地域や今が満開のところ，これから開く地域など様々であるが，私たちにとっては，入学式と桜は1つのイメージで結ばれている。新入生を迎える桜の花の紙飾りのある教室にしばしば出会う。入学や進級によって，子どもたちは新しい教室に入る。花開いたような明るい教室は，子どもたちにとってこれから1年間の生活の場であり，学習の場である。それは，担任した教師にとっても同じである。

　しかし，学習の場を教室だけに限定する必要はない。

　「教室だけが学習の場ではない。特殊教育は，生きたもの，本当のものを求めてもっと勇気を出して教室からとび出していきたい。『見させたい，聞かせたい，触れさせたい』生きたものを，本当のものを。」

　これは，昭和42年度NHK厚生文化事業団精神薄弱福祉賞第1部門精神薄弱児（者）教育・福祉実践記録2等入選の龍田善樹先生の『校門の外の教室で』（1968）という実践記録の中の文章である。当時，龍田先生は，三重大学教育学部附属小学校教諭で，特殊学級担任であった。この学校は，当時，山を開いて移転したばかりで「大半の子どもたちの起点となる駅から実に2000米の地点にあって，バスも電車もない。ただ歩いて行くよりしかたのない道であった。雨でも降れば，泥んこのぬかるみで，あたかも日本の悪路を代表するような道であった。」そして，この学校の特殊学級の出発は，この道を歩くことから始まっている。

　この実践記録は，2000米の泥んこのぬかるみの道を「校門の外の教室」ととらえての実践であり，その記録である。

　学級を担任すると，いろいろなことに苦労する。型にはまった教育を

考えていると，苦労は乗り越えられないほど大きな障壁になる。子どもたちが教室に入らず，なかなか授業を始められない等ということも，そのひとつかもしれない。いかに発想の転換をして実践に臨むか。龍田先生も苦労されている。「せっかく設置した特殊学級であったが，学校まで2000米の道の通学に費やす時間や労力は教育上大きな支障となった。」途中で歩くのはいやだといって泣き出す子，足が痛いといって座り込む子，玄関の水道栓に口飲みでガブガブ喉を潤す子等，13人の子どもたちを前にして，「開級までに寝食を忘れて想を練ったカリキュラムも，今はこの始業前の1時間たらずの時間の前には何の価値も発揮できず気落ちしてしまった。」

「わたしが教室からとび出せばよい。」

しかし，龍田先生は，このように考え直された。「学校や教室だけが教育の場ではない。子どもがいて先生がいればそこにはいつでも学習が成立し教育があるはずだ。」このように発想を転換すると，「校門の外にだってすばらしい教室があった」ことに気づく。そして，「日本一長い教室をめざして」の実践が始められたのである。「"歩く学習"と呼び教育課程にも位置づけ」られ，指導のめあてとして，「安全と体力づくりと自立心を育てる」の3つの柱が挙げられた。

新しい発想やその実践には，常に不安がつきまとう。「日本一長い教室」での実践であるからいろいろなことが起こる。そのたびに指導者は不安にもなる。やはり龍田先生の信念もいささかぐらついた。しかし，「わたしは目標の100万米を歩いてみてそれから静かに反省しようと思った。今はふりむくまいと自分にいい聞かせた。」

目標の100万米とは，1日往復4000米で年間授業日数250日としての計算で子どもたちが1年間に歩く道のりである。つまりは，1年間の指導をやり通してののちに反省するというのである。

指導には，柔軟な発想とやり通す強さが必要である。

ポイント㊱　5月：子どもの顔に光を

> 根気よく，がまんづよく，子どもととりくんで，子どものかおに，光を，子どもの親に，よろこびを。

　始業のチャイムがなる。「さあ，教室に入ろう」と誘いかけても，その先生の声などまるで，耳に入らないかのように砂あそびにふける子どもがいる。やっと，教室へ入っても，また飛び出ていってしまう子どもがいる。1人の子どもが教室へ戻ってくると，また別の子どもが出て行ってしまう。

　学級びらきから，1カ月近くが過ぎた5月の教室の片隅に立ち往生しているのは，先生である。4月からの1カ月間，休む暇もなく，子どもたちの後を追って校内を駆け回っていた先生もおられることであろう。

　特に，今年度，はじめて障害のある子どもたちの担任になった先生は，ひどく疲れているかもしれない。連休明けが憂鬱かもしれない。保護者の方たちも，はらはらしてその教室の様子や子どもの様子，先生の姿を見ておられることだろう。

　効率的なことを求めたがる世の中ではあるが，そう簡単には教育はすすまない。教育においては多くの場合，「根気よく，がまんづよく」取り組むことが必要である。そして，そのような実践を積み重ねることで，子どもの顔に光がさし，笑顔が生まれ，子どもの成長があらわれる。そこに教師の満足感もある。

　「根気よく，がまんづよく，子どもととりくんで，子どものかおに，光を，子どもの親に，よろこびを──と，実践をつみかさねることだ。その事実だけで，ものをいうよりほかにやりかたはない。」

　これは，近藤益雄先生（1975）の言葉である。

　30年ほど前，私が養護学校の教師になったころ，先輩の先生から，

5 元気のでるひとこと（12カ月）

「事実だけで，ものをいうよりほかにやりかたはない」ということを，実践とともに教えていただいた。それは，その先生が知的障害養護学校小学部の1・2年生のクラスを担任していたときの話である。

その年の新入生に「だぁ」以外の発声がなく，いつも右手の親指の付け根をくちにくわえて，毎日泣いている子どもがいた。その先生は，「根気よく，がまんづよく」かかわっておられた。私が気づいたのは，1学期も終わろうとする頃，その子どもは，すっかり笑顔で1日をくらすようになっていた。言葉や指しゃぶりは相変わらずであったようだが，子どもが笑顔で学校生活を送っていることを見て，保護者もまた笑顔で学校に来られるようになっていた。

1学期の終業式の日，その先生から保護者を変えていくためには，子どもを変えていくしかない，という意味の話をきいたのを，私はいまでも覚えている。

「それは，すこし，つらいことではあるが，この教育の夜あけに立っている教師は，そうするよりほかに，手がない。」

近藤先生の言葉は，このように続いている。そのような事実をつくり出すことは，「つらいことではある」といっている。近藤先生は，1950年（昭和25年）43歳のとき，2年間の小学校長暮らしをやめて，自ら進んで一教師として特殊学級担任になった人である。

その人にして「つらいこと」と言わしめているから，やはりこのような事実をつくりだすためには，初めての学級担任は，まさに「根気よく，がまんづよく」実践をつむことである。

これらの言葉を含む文章は，昭和29年に発表されたものである。当時が，特殊教育として「この教育の夜あけ」であれば，いまは，特別支援教育として新たな夜明けである。

よりよい実践を積み重ねるためには，教師が子どもを知ることの重要性はいつのときも指摘されることである。近藤先生もやはり，「さまざ

まな手をつくして，子どもを，正しく知ることだ。われわれは，その子どもたちをモルモットにするのではない。あまい気もちで，おなさけしごとをするのでもない」と指摘している。

そして，子どもを正しく知るために，モルモットとしてでもなく，お情け仕事の対象としてでもなく，「この子どもたちと，なかまになって，あたたかい目と冷たい目とで」「子どもの生活へ，たゆみない目をむけてもいなくてはならない」というのである。

コラム4

環境を整える

　1979年，私が養護学校の駆け出し教師の頃に書いた学級だよりを取り出してみた。そこに次のようなことを書いている。
　子どもたちの活動が「楽しい経験」になり，「よい思い出」になるために，「私たちが場面を考え，環境を整え，刺激を調整してやらなければなりません。」そうすることによって，子どもたちは，「混乱することなく，刺激を統合し，安定して過ごすことができます。」
　2005年，担任をしたうちの2人が，母親とともに私を訪ねてきてくれた。すっかり大人になっていた。2人とも話し言葉を持っていないので，かつてのことは何も語ってくれない。当時，私が整えたつもりになっていた環境は，2人にとってどうだったのであろうか。それを聞き出すことはできない。しかし，久しぶりに会った2人はにこやかな表情をしていた。

ポイント㊲ 6月：仕事の上の青春

仕事の上では，それは私にとって，青春でした。

　5月の連休があけて，しばらくすると，新しい学級にもなれて，落ち着いた行動をする子どもがいる。4月からの新しい環境の中で緊張が続き，疲れの見え始める子どもがでてくる。一方，疲れを感じ初めていた先生は，5月の連休が待ち遠しく，連休で一息つけたけれども，この時期は夏休みまで長く感じられる時期である。6月にはいると，梅雨の時期を迎え，余計に重い空気を感じてしまう。

　そこを乗り切るためには，子どもにめあてやねらい，目標が必要なように，先生ももう一度取り組みの目標を明確にすることである。もっと大きく夢や希望ということも必要である。教育状況の困難さが大きい時ほど夢や希望が，明確な目標が仕事を推進していく力になる。

　昭和40年代は養護学校の数の少なさからいえば，教育状況は現在より厳しかったといえよう。だから，その頃の先生方は，よく夢や希望を語っていたように思う。

　その昭和40年代に全国の附属養護学校の何校かは，附属小学校等の特殊学級から養護学校になっている。

　「自前の運動場をもたないという状況に耐えることができたのも，私たちも子どもたちも『養護学校という新しい教育の場を創る』という夢と希望，それにも勝る意気込みがあったからだと思います。」

　「あの頃〜創設の頃〜」と題した佐藤俊雄先生の文章の一部である。

　佐藤先生は，この文章執筆の当時（1992），京都教育大学教育学部附属養護学校副校長であった。あの頃とは，昭和44年（1969）である。附属小学校の校地の中庭に立てられたプレハブ2階建てでの授業を回想されているのである。

現在であれば、「養護学校という新しい教育の場を創る」よりも「特別支援学校という新しい教育の場を創る」ということか、「特別支援教室」ということになるのであろう。新しい学校を創るという大きな夢でなくてもよい。日々の実践で実現したい小さな一歩を明確に目標に挙げることである。

　佐藤先生は、いつも大きな夢を語っていたわけではない。日々、指導上の様々な課題を夜遅くまで論議していたのである。そのような同僚が身近にいたことが幸せだったといえよう。例えば、体育の授業で、子どもによって違う、ほどよい運動とはどのようなものか、を議論し、「前の時間の学習効果が消えないうちに次の時間を設定するためには、どこに何時間とったらよいのか等々」の課題を検討している。このことは、「帰る時刻もあまり気にならず、つい遅く迄同僚と議論し合ったものでした」という回想になっている。

　このような議論も、多くは、そこにいる先生たちの経験をもとになされていたようである。「今でこそ、各地、各人の、実践をまとめた記録が出版されており、むしろ選ぶのが大変なくらいですが、当時は書かれたものは、時にガリ版刷りのものが手に入るくらいで、店頭に並ぶようなことはありませんでした。」現在は、本といわずとも、インターネットですぐに容易に情報を得られる時代である。ますます情報の選択が重要になっている。

　そのような困難な状況でも、佐藤先生は、同僚の先生と時間のたつのも忘れて議論し、日々課題の方向をさぐっておられたのである。しかし、「次から次へと課題が生まれてきたように思います」という状況であった。

　「仕事の上では、それは私にとって、青春でした。いつも何かに飢え、求める日々だったように思います。」

　特別支援教育に関する情報もいつのまにか溢れるような昨今である。

5　元気のでるひとこと（12カ月）

　しかし，選択した情報も，実践家は，自分の実践をくぐらせて確かめることが大事である。佐藤先生は，創立から23年後，創設の頃，次々生まれてくる課題に立ち向かっていた日々を「仕事の上での青春」と締めくくっておられる。
　6月の梅雨のさなか，次々起こってくる課題に少々の疲労感を覚えつつ，立ち向かおうとしている先生方にも，きっとこの時期を「仕事の上での青春」と思える日が来るのである。

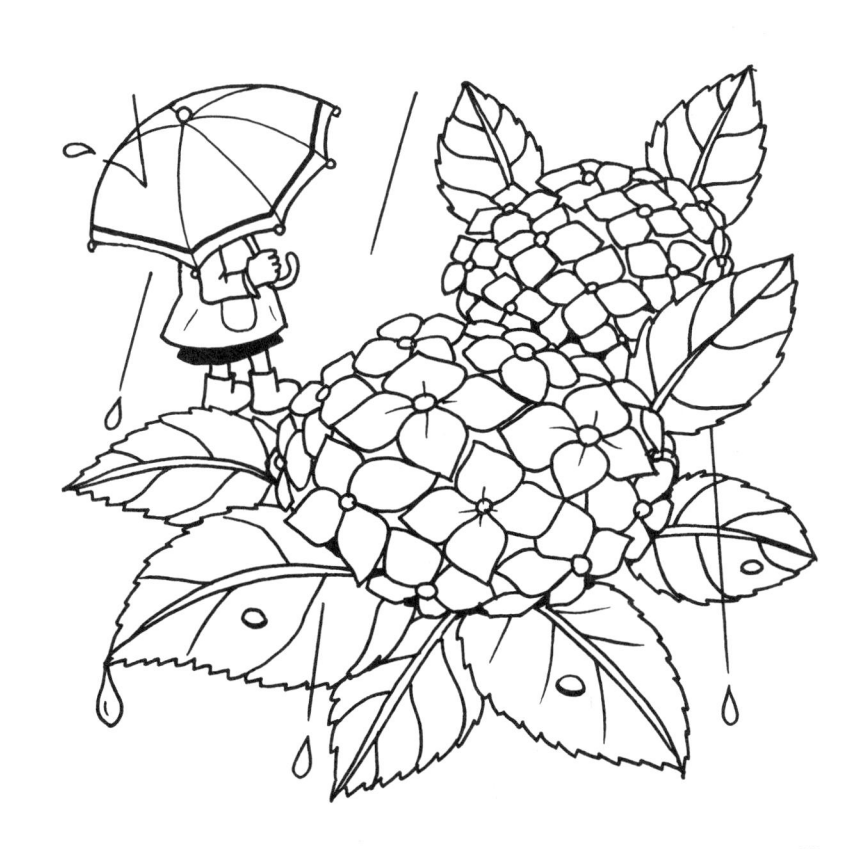

> **ポイント㊳**　**7月：にっこり笑って教室に入る**
>
> 　心に余裕のないときは，朝，教室にはいるとき，にっこり笑ってはいれ。

　「7月だ」という声を聞くと，子どもたちや先生の目の前に夏休みの光景が見えてくるだろうか。例えば，教室の壁面の模造紙に描かれた大樹には，子どもたちが粘土や紙で作ったカブト虫やクワガタ虫がいるかもしれない。窓からトンボが飛び込んできて，子どもたちはびっくりするだろう。セミの声が聞こえているかもしれない。降り注ぐ太陽のもと，学級園にはヒマワリが背丈を伸ばしている。

　夏休みが近づく頃，心にすこしの余裕がうまれる先生もいれば，「いやいや，まだまだだ。とても，余裕なんてないよ」という先生もいる。

　「実に調子よく，1時間めの授業が進行した。わたしが調子よいので，子どもも調子よいのだろう。第一，わたしはかっとならない——心の余裕であろう。常に心に余裕のある指導が必要だ。」

　1978年，当時，岩手県の水沢市立水沢小学校教頭であった遠藤寿一郎先生の文章である。これは，特殊学級担任のときの経験を語っておられる文章の中にある。

　子どもたちの行動は，先生の影響をうける。当然のことであるが，教師は，子どもに一生懸命にかかわっているとき程，このことは忘れてしまっている。先生が落ち着きなく動いておれば，子どもの落ち着きのなさが，第三者には目に付く。もちろん，教師も子どもも相互に影響をうけている。子どもの行動を変えることばかりに目を奪われないで，先生自身が変わることが大事である。

　かつて昭和40年代に自閉症児の指導で，教師が「腹をすえてじっくりかかわる」ことの重要性がいわれた。

余裕のないときに、どのようにして余裕をもつか。遠藤先生は、次のように書いている。
　「わたしは先輩に、心に余裕のないときは、朝、教室にはいるとき、にっこり笑ってはいれ、とよく言われたものだが、このことなのだと今思う。」
　この文章には、「学級にある姿見鏡は、子どものためよりも、わたし（教師）のためにあるのかもしれないと思っている。」という一文が続く。わたしも、養護学校の教師であったときに、担任をしていた教室の後ろは観察用のワンサイドミラーに一部がなっていた。
　つまり、そのミラーを通して隣の部屋から観察できるようになっていたが、教室では鏡であった。かなり大きな鏡となっている。しかし、私自身は、みずからの表情を確かめるということはなかった。笑顔になっているかなどと、確かめるという視点は、わたしにはなかった。そのような視点が生まれておれば、私の実践はもっと豊かなものになっていただろう。
　遠藤先生は言う。
　「ともすると、わたしたちは、教えることのみに集中しがちであるが、その前に、子どもたちの心の動き、つまり、今前にいる子どもたちが何を求めて行動しているか、を考えてみなければならないと思う。」
　先生が一生懸命なときには、つい教えることのみに集中してしまうことがある。子どもは何かいいたげな顔をしているのだが、それに気づかず、一方的に話している先生がいる。表情だけではなく、まさに言いかけているのに、無視したように話し続けている先生を見かける。伝えたいという先生の意気込みは大事である。しかし、それだけでは教えることはできない。
　教えるばかりでもいけない。支援という言葉によりかかり過ぎて教えることを怠ってもいけない。個別の指導計画を作成したことで、子ども

の求めていることをすべて把握したと思ってはいけない。実践するときには，計画は過去のものであり，「今目の前にいる子どもが求めていること」は，目の前で考えてみることが必要である。

ポイント㊴　8月：断片的な知識は実践力にならない

断片的な知識を増やすだけでは実践的な力にはなりません。

10年ひとむかし。ひとむかし前には自由な研修が許され，自宅で研修を積んでいた先生たちにも，現在では自宅研修は許されなくなった。そして，8月は，先生たちにとって様々な場所へ研修に出かけていく期間となっている。

その研修内容はといえば，2学期からすぐに使えるというハウツー的なものが多い。また，それぞれの先生たちの問題意識にぴったりと当てはまるものはあるのだろうか。むしろ，問題意識が明確でなければ，開催されている研修内容にあわせて済ませることになっているかもしれない。

しかし，そのような研修ばかりでは，本当の研修になっているのだろうか。教師は，既成の研修で知りたい内容を知り，解決したい事柄を解決しているのであろうか。

『育児力』（藤村美津，伊藤雅子，1990）の中の藤村さんと伊藤さんの語りに耳を傾けよう。

「育児というのは，常に臨機応変に対応しなければならないハプニングの連続ですから，断片的な知識を増やすだけでは実践的な力にはなりません。深いところで自分の物になっていなくては応用が効きません。」

育児という言葉を教育に置き換えて考えてみると，同じことが言えるのである。ハウツー的な内容は，必ずしも知識ではないが，断片的なハウツー的内容を身につけただけでは，やはり実践的な力にはならないのである。

研修会で，具体的な話として事例に沿った説明がなされる。しかし，説明に使われたような事例は，そのままそっくりと研修に参加している

それぞれの教師の前には現れないのではないだろうか。だから深いところで自分のものになるような研修が必要なのである。

こんな場合には，こうします，と研修会で，例示ばかりを聞いても，それだけではどうにもならない問題が次々でてくるのが教育の現場である。

だから，授業のない夏休みの期間に，少し時間をかけて実践的な力を養うことが必要である。

藤村さんたちは，次のようにも言う。

「現実の暮らしの中で子どものどういうところに目をとめ，何が大事かを読みとる力，問題をつかみとる力，自分で考え，自分で判断する力がなくては，いつまでもだれかの判断，だれかの解説に頼らなくてはなりません。限りなくくわしいハウツウを求めつづけることになります。」

教師は，実践家であるから，何が大事かを読み取り，問題をつかみ取ることができなくてはだめである。しかし，ハウツーを提供される研修ばかりを受けていると，本来はハウツーをつくり出していくはずの教師自身が受け身になってしまう。

今までつくり出していた教師もそれをしなくなる。ハウツー的な内容でない講演を聞くと，具体的なことが聞きたかったとか，難しい理屈っぽい話だったと片付けてしまうことになる。本来は，理屈を，理論を消化して，実践に生かし，実践を通して理論の修正をしていくのが実践家である。

「やはり，自分の目で子どもを見る力，自分で問題を感じとり，考え，働きかけることのできる力を自分のなかに養っていかなくては子どもを育てることはできないようです。」

これも藤村さんたちの考えである。

「自ら課題を見附け，自ら学び，自ら考え，主体的に判断し，よりよく問題を解決する資質や能力を育てること」という文章は，総合的な学

習の時間のねらいの1つを表したものである（文部省，1999）。このような資質や能力を形成することは，現代の子どもたちにだけ必要なのではない。教師にも必要なことである。

　大学の教育の中では，このようなねらいにもっともよく迫ることができるのは，卒業論文である。学生は，自分で課題を発見し，文献を収集して，読み，考え，筋道をたてて解決の方途を探ることになる。このようなやり方も，なんどもみずからやってみなければ，できないことである。

　しかし，現実には卒業論文での取り組み一度だけで終わってしまう学生がほとんどであり，教師になってからはやらないことも多いようである。

| ポイント㊵ | 9月：腹を決めてかかわる |

> 腹を決めて，じっくりと子どもとかかわること，それがこの教育には必要である。

　先生にとっては，研修に忙しかった夏休みがあけ，2学期が始まる。いろいろな研修会に参加して学んだことで，あの子にはこうしてみよう，あの行動にはこの対応方法がよさそうだ，こんな授業もしてみよう，あんな単元をやってみたい，と構想が膨らんでいるに違いない。大事なことは，どのような取り組みをするにしても1学期の経験を振り返り，腹を決めてかかることである。

　いまから23年前，当時，北海道旭川市立明星中学校の特殊学級担任であった佐藤信淵先生は，「教師と子どもが創造する授業のやりがい」（1982）という文章の中に次のように書いておられる。

　「勉強時間に，近くの公園へ遊びに行こうと腹を決めるまでに半年かかった。」

　公園へ出かけていった実践は，佐藤先生が小学校ではじめて特殊学級を担任したときのものである。「勉強時間に公園へ遊びに行こう」という決定は，遊びが学習であるという視点がなく，特殊学級では勉強せずに遊んでばかりいるという見方のある中では，やはり「腹を決める」というほどの一大決心である。いったい腹を決めて公園へ出かけていくまでの半年は，どのような実践であったのだろうか。手探りの状態であったようだ。7名の児童に「何を教えてよいかわからずに，それぞれ学年を下げた教科書をもたせ，俗に言う水増し教育を始めた」と書いておられる。その授業に，子どもたちは，「先生，また国語か」「また算数か」といい，あくび連発の子どもがいたり，下を向いて微動だにしない子どもがいたり，あるいは飛び上がっている子どもがいたり，目がうつろな

5　元気のでるひとこと（12カ月）

子どもがいたり，という状況だったそうである。
　そのようなことがあって，佐藤先生は，公園へ遊びに行こうと腹を決めたのである。遊びの中で，たとえば，「クルミの実を10個拾おう，具体物を通して数の勉強をしよう，と思ったのである。」しかし，腹を決めてかかった実践でも，先生の思うようにはいかない。「子どもたちは，クルミの実どころではない。『毛虫がいた』とか『○男が棒でたたいた』とか『これは食べられるか』などと，勝手に動きだした。」
　先生の思い通りにはいかないことが多かったようであるが，とにかく天気のよい日に公園通いがはじまった。
　「何回か通っているうちに，私自身が公園で学習する意義を見いだし，公園が好きになった。」
　わたしたちは，授業にあたって教材研究する。その意義は何だろうか。その教材が好きになることも，その1つである。その教材の良し悪しが見えてくる。その教材に愛着がわく。佐藤先生は，子どもたちと公園へ通う中で，公園が好きになり，公園で学習する意義を見出されたのである。佐藤先生自身がはじめに描いていた公園のイメージも変わっていった。「子どもたちと同じように，自然の中にこんなにもいろいろな動・植物があったのかと感心した。」そうすると，子どもたちも変わってきたのである。「クルミの実も数だけ拾ったり，並べたり，それを等分することも，机上ではやろうとしない子が不思議とできるのである。」
　このような経験を出発点として，佐藤先生は，20年以上にわたり知的障害児教育を続けられた。それでも，毎年3月，次年度の担任希望を提出するときには，悩みがあるという。「今年は普通学級へ戻ろうかと考える」と書いている。そして，「『普通』と『特殊』という考え方で悩むのではない。『この子どもたちと今年も楽しく遊べるだろうか』と悩むのである。」腹を決めて，じっくりと子どもとかかわること，それがこの教育には大事である。

ポイント㊶　10月：子どもに与うるものは教師自身

「自分を養わんとする」本を求めて読むことも教師にとっては，大切なことである。

　10月，教室の空気は澄んでいる。先生の心も子どもたちの心も秋空のようにさわやかだ。秋空の下へ飛び出して，思いっきりからだを動かしてみるのもよい。子どもたちも，先生も，心から晴れ晴れするだろう。
　2学期も1カ月が過ぎ，先生の思いは，どうだろうか。夏の研修の成果は発揮できたであろうか。その成果は，実った稲穂のように黄金色に垂れているだろうか。秋風の中でふと足を止めて，自らを振り返る先生の姿がある。
　夏の研修会で学んだ教育の技法で子どもにかかわって，うまくいかなかったことがあったかもしれない。思った以上の成果となっているかもしれない。成果となるのは，まだこれからかもしれない。とにかく10月だ。
　1年の教育実践も後半に入る。
　「彼に与うるものはわれだ。子どもに与うるものはわれわれの自分だ。教育者はとりつぎ手，とりつぎ方のうまい人に止まらない。与えるに足る自分をもつ者であらねばならない。少なくも，あまりつまらない自分を与えては済まない。」
　「わが国の幼児教育において，理論と実践のかがやかしい先駆者であり，指導者であった（坂元，1990）」倉橋惣三先生（1882－1955）は，昭和11年，このように著書『育ての心（上）』に書いている。「自分」と題された文章である。
　先生は，そのころ東京女子高等師範学校教授であり，附属幼稚園主事を兼務されていた。

5 元気のでるひとこと（12カ月）

　研修会で学んだ技法を自分のものとし，さらにその技法を使う自分へ目をむけ，自分を高めることが大事である。昔から秋は，人間がその自己を，自分を深めるのによい時期である。
　倉橋先生は，語る。
　「秋澄めり。何人も自分を思う時だ。秋静か。自分を養うに1番いい時だ。子どもの為の教育に忙しい裡にも，自分の為の教育が気になる季節だ。教育学，心理学，児童研究，保育法。それよりも一層，自分の為の本を読みたい時だ。」
　最近は，障害児教育や特別支援教育に関して，本にしても雑誌にしても，実にたくさん出版されている。情報を選択するに困るくらいである。どの本をどのように読み込むか。限られた時間の中では，本や雑誌の選択が重要になってくる。
　どう読むかということで，私にも思い出すことがある。教師になった年のことである。先輩の中堅の先生に1冊の本を借りたときのことである。それは，ダウン症に関する本であった。
　私は，その本に引かれた赤鉛筆の箇所に驚いたのである。その赤色の下線は，学生時代から心理学に関心をもっていた私が引くだろう箇所にはなく，別の箇所にしきりに引かれていた。私は，ダウン症の心理特性に関する部分を重視して読んでいたが，その先生の引かれた下線は，いかに指導するかという指導法のところであった。その先生は，30歳代半ば，すでに指導力のあることで定評があった。
　読み手の関心が違っているのは当たり前である。しかし，その本の読み方が，その先生の指導力につながっていることをわかったようで，私は驚いたのである。その先輩は，本で読み知った指導法を，実践を通して，自分のものとされていた。さらに技法だけでなく，自分の為の本もたくさん読まれていたらしい。
　「この秋を，何によってあなたの自分を養わんとするか。」

倉橋先生は,いまも私たち教師に問いかけている。
　私たちは,忙しさの中で,ついつい明日の授業に直結することを追い求めたくなってしまう。それに答えようとしたハウツウを記す本は多い。しかし,その中で,それだけでなく,「自分を養わんとする」本を求めて読むことも教師にとっては,大切なことである。

ポイント㊷　11月：スキをみつける

　子どものことが分かり，自分のことが分かれば，きっと実践も前に進む。

　「くりのみでたしざんしたよ２じかんめ」と一句ひねったのは，小学１年生（金子兜太編，1999）。

　机から転がり落ちて，ころころ転がる栗の実も，それを追っかける子どもの姿も，子どもの動きを眺めている先生の様子も見えてきそうである。教室の窓からは，11月の空がひろがっている。

　さわやかな秋の風とともに，担任の先生の気持ちにも少しの余裕が生まれてきただろうか。教室での指導で，授業の中で教材の工夫のゆとりが生まれてきただろうか。先生の目に落ち着いて授業に参加できる子どもと参加の難しい子どもがはっきりしてきたかもしれない。

　当時，東京都立青鳥養護学校校長であった大石垣先生（1991）は，ある専門雑誌の10－11月号の「指導の悩み相談室」のコーナーで，知的障害特殊学級での授業に子どもが「なかなか参加してくれず困っています」という初めて担任した先生の相談に答えている。

　「子どものスキ（好き）を打て。」

　この言葉は，その答えの中のものである。そして，これは，大石先生自身が校長の先輩である小杉長平先生から助言として受けた言葉でもある。「スキとは興味・関心のことだそうです」と続けて書いている。

　わたしは，スキは好きであり，隙に通じるという言葉かもしれないと感じた。気持ちを授業に向けてくれない子どもに，その子どもの好き（興味・関心）に働きかけて，割り込む隙を見出すことであろう。子どもの興味・関心へ働きかけることは，授業の基本である。ある養護学校で子どもたちがポテトチップをつくる授業を参観した。食べるものをつ

くるという，子どもの興味・関心に働きかける教材である。
　しかし，このような授業は，十分に教材研究をして授業を組み立てないと，子どもが何を学ぶのかが曖昧なままで終わってしまいかねない，そう感じることがしばしばある。
　この相談への答えを締めくくっているのは，次の文章である。
　「担任の力不足を子どものせいにして，弁解することはやめようと，私なりに決意しました。」
　ともすると，設定した課題ができないことを子どものせいにしてしまうことがある。障害の重さゆえにとか，障害特性ゆえにとか，と考えてしまうことがある。
　もう一度，障害の重さや障害特性を考え直して，課題を設定しなおし，手立てを工夫してみてはどうだろうか。子どものことがわかり，自分のことがわかれば，きっと実践も前に進む。
　この決意のうちには，教師自身がその教育方法を考え直してみようということが含まれている。担任の先生1人が悩んでいても，こんな決意はできないかもしれない。大石先生がこのような決意に至ったのは，どのような経験からだったのだろうか。大石先生自身は，若い頃の自分自身を，その経験を振り返っておられる。
　「先輩の先生方は，『この子らに学べ』と若い担任の私に，子どもの見方，指導のコツ，授業の進め方を夜遅くまで具体的に指導してくれました。」
　夜遅くまで，先輩の先生と語り合うには，よい時期である。
　大石先生は，若いころ，1人1人の子どもの記録のとり方，その整理の仕方から活用の仕方まで，先輩の先生に指導していただいたと記されている。いい先輩に出会えたことである。わたしも，毎日書いていた学級だよりを，同僚の先生と交換し合って，記録の書き方など文章記述のあり方を考えた時期があったことを思い出す。

5　元気のでるひとこと（12カ月）

　今の先生たちは，個別の教育支援計画，個別の指導計画をツールとして子どもの理解を深め，指導について話し合う。それは，必要なことである。

　しかし，その話し合いが，会議の場での話し合いに終わっては深みはない。おそらく，大石先生たちは，会議の場での話し合いでは得られなかったことまで，夜遅くまで語り合われたのである。

ポイント㊸ 12月：子どもの目の高さでかかわる

初心を忘れず，子どもの目の高さに立っているだろうか。

　「うしろすがたのしぐれてゆくか」と自嘲し，「笠にとんぼをとまらせてあるく」と全国を行乞した俳人種田山頭火は，ある年の日記に「12月13日，……冬が来たことを感じた，うそ寒かった，心細かった，やっぱりセンチだね」と何事につけしんみりと感じ入る自分を書き留めた。しかし，翌14日には，「霜が真っ白に降りている，冷たいけれど晴れきっている」と晴れ晴れした気持ちを書き表している（種田，2002）。今年も12月，何事も振り返る時期である。日記も残る頁は僅かだ。

　日々の実践記録を振り返ってみている教師もいることだろう。4月からの実践も，心細く感じたり，晴れ晴れとしたり，教師の思いも揺れ動いたに違いない。4月の頃の初心を思い出してみるのもよい。

　「いつも子どもの目の高さに，自分を置きたいと思っています。」
1982年，『実践障害児教育』誌8月号に座談会『フレッシュマンの私のやりがい，そして喜び……』が掲載されている（依知川裕子他，1982）。
　新卒から障害児教育経験1〜3年のフレッシュマン4人が語り合うという企画である。そのフレッシュマンの発言である。司会者の今後の目標と抱負に関しての質問「皆さんは今後，どんなことを目標としてやっていこうと考えておられますか。」に，フレッシュマンの1人が答えたものである。

　初心を忘れず，子どもの目の高さに立っているだろうか。ものの考え方，見方で子どもの目の高さにいるだろうか。実際に子どもと向かい合い，語り合うとき，子どもの目の高さに合わせることが，まず大事である。

　児童精神科医師の十亀史郎先生は，「子どもと同じ位置に顔を置いて，

はっきり大きな声で話すように，と当時言い始めた。いまでは全国的にやってくれている。」と 1982 年 1 月の新聞で語っている（十亀，1982）。当時とは，1960 年代のこと。

　司会者は，「障害児教育をやってきて，ほんとによかった」ということについても質問している。別のフレッシュマンが答えている。

　「教育論みたいなことじゃなくて，実際に携わった者だけが知っている喜び，一所懸命やったことが自分自身に戻ってくるという面が確かにありますね。」

　私にとって今から二十数年前のこと，養護学校中学部で 1 人の自閉症の子どもに毎朝のジョギング指導を行っていた。その 2 年目の 2 月のはじめ，中学部の卒業が 1 カ月後と迫っていたときのことである。その子は，まだ自分 1 人で走るということはなかった。その日はいつもの場所に姿が見えなかった。どうしたのだろうかと辺りを見回している私の目に，しばらくすると，運動場の端にその子の走っている姿が見えた。走り出して，2 年近くが過ぎようとするころ，ようやくその子は自分で走り出したのであった。当時の学級だよりに，そのときの嬉しさが記してある。

　嬉しい経験を重ね，指導の工夫をしていくことで，教師の専門性もまた高まっていくものである。障害児教育の専門性についてもフレッシュマンは答えている。

　「心理学の専門家だけでなく，トイレ指導の専門家がいても……（笑）」

　年が明けて，抱負を語るとき，「トイレ指導の専門家になります」と語ってほしい。すぐに障害児教育のすべての内容について専門家にはなれない。1 つ 1 つの内容について専門的な力量をつけていってほしい。障害児教育，特別支援教育にとって，トイレ指導は重要である。「トイレの専門家がいてもいい」のではなく，「いなくては困る」のである。

ポイント㊹　1月：出発点の再確認をする

ときおり，実践の出発点を確認してみよう。

　新しい年を迎えると，なにかまわりの空気までがあらたまった感じをうける。そして，1年の計は元旦にありとばかりに，新たな目標を立て計画をねる人は多いだろう。その時には，まず，昨年のことを振り返り，反省の上に立って新たな計画を立てるということも多い。

　ある歳時記（俳句文学館編，1983）の新年の部におかれている最初の季語は，「去年今年」（こぞことし）である。そこにかの有名な虚子の一句「去年今年貫く棒の如きもの」があった。「月日は1本の棒のようにただ過ぎていく」という意味合いだそうであるが，新年のあらたまった張り詰めた空気を感じる句である。

　この際，私も自らの実践の出発点を振り返ってみよう。私の場合には，それは，約30年前のことを思い出すことにある。幸いに，自ら書いた書物が残っている（太田，1979）。

　「私は，……できるだけ理論的，実践的に一貫したかかわり方を子どもたちとの間にもとうと努めている。」

　これは，自閉症の子どもの指導について書いた本の「まえがき」の中の一文である。それによれば，当時，子どもとのかかわりにおいて，「理論的，実践的に一貫したかかわり方」をしようと考えていた。若いときは，特にそのようなことを意識して行うことが必要であると，今でも考えている。1つ1つの子どもへのかかわり，実践を理論的に説明できることが大事である。現在は，説明責任が求められる時代でもある。子どもへのかかわりについて，理論的に説明することができるようにしたいものである。そのことによって，経験の積み上げもなされる。意識的にではなく，漫然と行われた実践は，説明などつかないものである。

5　元気のでるひとこと（12カ月）

　この本を書いていた頃の私の学級だよりを読み返してみると，そこに授業で行ったことについて，保護者の方々にいろいろと説明をした文章を見出すことができる。担任していたのは，知的障害養護学校小学部低学年の学級である。例えば，次のようなものである。

　「学習が成立するためには，話す相手の方を見ることも，提示されたものを見ることも必要になってきます。そこで，見られる，あるいは見せる方である私たちは，子どもたちが見たいと思うように見せる工夫が必要となってきます。

　『きょうのおやつは，何かな？』

　毎日，おやつを食べるとします。おやつを出すとき，いつも決まった箱から出すと，子どもたちは，その箱が出てくると目を輝かせて見ています。これは，この場面で注視するという態度が習慣的に形成されていくことだと言えます。」

　当時，この学級では，毎日，おやつ学習というのを行っていた。その学習の様子を踏まえながら，学級だよりを書いているのである。

　この学級だよりは，学習を考える上で，ものを見ること，注視することの大切さとそのような行動や態度をどのようにして形成しようと考えて，実践を行っているかを伝えようとしたものである。

　内容的には，現在でも変わらない考え方もあれば，例えば，注視については，1980年代後半以後であれば，自閉症の研究から，共同注意のことについて書いていたであろう。そのような変化はあるが，理論的，実践的な一貫性を大事にしていることは，今も変わりないことである。

　実践では，その出発点を振り返っても，考え方を変えることが必要なこともある。初心を忘れずといっても，棒の如くに同じ理論を貫くだけでなく，柔軟に変更することも必要な場合もある。ただ，実践を始めた頃，教師になったときの希望，熱意，やる気というものは初心のときのようにもち続けたいものである。

| ポイント㊺ | 2月：神様じみた先生ではなく |

神様じみた先生じゃ，おもしろうない。

　神様ではなく，鬼の格好をして，教室を，校内を走り回った若い先生もいるかもしれない。2月は，節分の行事，鬼やらい，豆まきの行事で鬼を演じる先生が，真顔で豆を投げつけ追っかける子どもの迫力に廊下を逃げ回ることだろう。26年前，私が担任だった小学部1・2年生の『学級だより』に「鬼からずっと離れて豆をまいているOくん，Kさん……，Mくん，Aくんはさっそく豆を食べ始めています。……Oくんが泣き出しました。鬼が近くに来たので，怖かったのでしょうか。……」とある。
　養護学校小学部の節分の行事でのひとコマである。そのときの鬼は，駆け出し教師の私だった。
　「不幸な子どものためになんて，神様じみた先生じゃ，おもしろうなくて，写真にならないと言ったのです。人間・井村でなくっちゃね。」
　この言葉は，節分の行事での教師の演技についての話ではない。1982年，当時，香川県立香川中部養護学校の校長であった井村信行先生が書いておられる会話文の中にある。この言葉が語られたのは，昭和35年の夏の夕べ，あるレストランの一隅でのプロのカメラマンI氏とのやりとりである。なぜ，このやりとりの場面が設定されたのか，これ以上の背景は不明である。私が推定するに，特殊学級の担任経験の長い井村先生の写真を撮影するための打ち合わせかもしれない。
　特殊学級の担任を続けていることについて，次のような会話がなされた。
　「よく続いておりますね。何か，先生がささえにでもしているようなものがあるのでしょうか？」
　「それはですね，私の目の前に，差し伸べられる教育の手を待ってい

る，不幸な子どもが，いっぱいいるからですよ。」
「なるほど，不幸な子どものためにねえ。」
　I氏はちょっと言葉を切る。目が光る。
「おもしろうないですなあ。それじゃ写真にも何にもなりませんよ。」
「ハアー。とおっしゃいますと。」
　この会話に続いて，先の言葉が出されるのである。そして，カメラマンI氏は，次のように言葉を継いでいる。
「教育ってのは，人間と人間の出会いじゃありませんか。いや，門外漢の私が，つい失礼なことを言いましたね。」
　このとき，井村先生は特殊学級の経験年数6年余りであった。おそらく，年齢も30歳代前半であったかもしれない。このカメラマンI氏の言葉に，井村先生は，「I氏の慧眼は，いささかの思い上がりと一種の悲壮感に浸っていた当時の私を，鋭く見抜いて，たしなめられたのである」と書いておられる。
「この出会い以来，人間・井村を高めることが，よりよい教育を作り出す源であると思い定めてきた。私自身を高めて，あの子たちと向き合う。施し与えるなんて思い上がった構えを捨てて，むしろもらい受ける側に立つ。」
　このとき，プロ・カメラマンI氏は，井村先生の写真を撮ったのであろうか。そこには，いささかの思い上がりと悲壮感が写っていたのだろうか。神様じみた顔だっただろうか，鬼のような顔だっただろうか。
　ときに，教師は，節分の行事でのように鬼の面をかぶる。あるいは，神様のようなことをいうかもしれない。しかし，子どもと向き合うときには，鬼でもなく，神様でもなく，井村先生が挙げられている，支えてくれた言葉「人間でなくっちゃあー」である。
　豆まきの終わりに鬼の面をとった私に，「Oくんが近づいてきて，豆を手渡してくれた」と学級だよりにはあった。

ポイント㊻　3月：頼りにしてくれる子どもがいる

> S君が駆け寄ってきて耳元でささやいた。
> 「先生，言うたらあかんに……。」

　卒業式の練習が始まっている。子どもたちが体育館を出たり入ったりしながらの練習が続く。今年も卒業生を送り出す季節がやってきた。

　卒業歌を聞きながら，ふとこの1年を思う。昨年の4月にはじめて養護学校にやってきた先生たちは，この1年間をどのように感じられたであろうか。特殊学級を初めて担任した先生には，長い1年であったろうか。あっという間に過ぎ去った1年であったろうか。

　かつて，『実践障害児教育』編集部は，「障害児教育のやりがい・喜びを考える」という特集を組んだ。そのとき，「残念ながら，望んでこの教育の世界に飛び込んだ指導者の少ないのが実情である。しかし，やり続けているうちに不思議な魅力に取り込まれ，いったん取り込まれると逃げられなくなってしまうのが，この教育の妙味だとも言われる」として，その魅力を探っている。

　現在も，「望んでこの教育の世界に飛び込んだ指導者」ばかりとはいえない。昨年の4月にも，望まずしてこの世界で先生になった人もいたかもしれない。そんな先生にとっては，長かった1年であったに違いない。しかし，続けることができるなら，続けてほしいものである。そのうちに不思議な魅力が見えてくる。

　やり続けているうちに不思議な魅力に取り込まれた1人として，当時，大阪府堺市立百舌鳥養護学校の教諭だった藤井澄江先生の「一本勝負のやりがい」(1982)が掲載されている。

　「どこに生きがいを見いだしたのかと，改めて尋ねられるととまどうが，確かに何かが私をささえてきてくれたのである。」

5　元気のでるひとこと（12カ月）

　藤井先生は,「5年たったら，絶対に転勤しようと思っていた」。トイレのこと，学級菜園のこと，5頭の牛のえさやり当番のことなど,「本当に心の底から苦しくて，登校拒否症を起こしたこともある」と記している。苦しい経験が積み重なっていた。

　しかし，にもかかわらず,「もう11年をここで過ごしてきてしまった」。この間，藤井先生を支えてきたもの,「それは一体，何だったのだろう」と3つのことが分析されている。

　その1つに「H君の下校指導の成功」がある。それは,「2カ月ほどで，1人での下校が完成した」ことであった。この指導中,「母親とはノートや電話で連絡を取り合った。」先生と母親とが常に連絡を取り合いながら，指導が進められたのである。

　「家の中で待つ母親の不安な気持ちや，電柱に身を隠して様子をうかがう担任の苦心を話しながら，H君の成長を共に喜び合えた経験は，いつまでも大切に心の中に残っていくだろう。」

　H君が1人で下校できるようになる成長過程は，母親と教師の成長過程でもあったに違いない。

　この下校指導は，H君が中学1年生の2学期半ば頃から始められた。この時期まで,「担任から母親の，手から手へと手渡されての通学だったのを，まず手をつながずに歩くことから始め」たものである。そこは，学校の中ではない。車の行きかう道路である。母親にも担任にも子どもの手を離すことに不安がないはずはない。

　そのような状況を乗り越えていった藤井先生に支えができていったのである。

　教師は，実践を磨き，子どもを育て，実践に磨かれ，成長するのである。教師は，実践の中でこそ成長するのである。

　「しかられても，やりたいことを制止されても，また私の所へ戻ってきてくれる，たよりにしてくれていると感じたときの喜び。そんな子ど

117

もたちの姿の中にこそ，私をこれまでささえてきてくれた力が潜んでいるのである。」

　22年前，養護学校中学部3年生を担任していた私に，朝の会のあと，S君がそばに寄ってきて耳元で「先生言うたらあかんに」と言う。「なにや」と問い返すと，「きのう，ダイナマンのカセット買ってもらった」とニコニコしながらつぶやいた。

コラム5

具体化すること

　知的障害養護学校の校長をしていたとき，入学式で「友達を作ろう」という話をしようと思った。子どもたちにどのような形で伝えるかをいろいろと考えてみた。しかし，いい考えが浮かんでこなかった。数日考えていたがやはりいい考えにはいたらなかった。あるとき，机の上の『常用字解』（白川静，平凡社，2004）が目にとまった。見出し文字で「友」を引くと，右手と右手とを組み合わせた形で手を取り合って助け合う意味だと書いてあった。

　それをヒントにして，入学したらたくさんの友達を作りましょう，まず手をつなぐことから始めよう，と話した。その話をしながら，美術の先生に描いてもらった，右手と右手とを組み合わせた「友」の字を見せた。

　次の日の朝，中学部の新入生のひとりが握手を求めてきた。思わず，私の「おはよう」を返す声に力がこもった。

あとがき

　授業づくりで重要なことのひとつは教材研究である。教師にとって教材づくりに励む時間は楽しみであってほしい。私自身，養護学校長を勤めた3年間，そのような楽しい時間を持つことができた。

　その学校では，毎週月曜日に全校朝の会があり，「校長先生の話」の時間が設定されていた。知的障害養護学校では，話の時間も教師が話すだけでは，子どもたちに教師の思いや考えを伝えることは難しい場合が多い。話の時間であるから，教師の話を中心には置くが，写真や絵を見せたり，実物を見せたり，実演をしたりもする。そのため，私は，週末に自宅で教材づくり，教材研究の時間をとっていた。
　「校長先生の話」の時間は10分足らずであるが，教材づくり，教材研究にかける時間は，何時間もかかることも多かった。ホームセンターに材料を買いにいくことあり，本屋さんで関連書物を購入することあり，パソコンのホームページで調べることあり，また，出来上がった教材を家族に見せて批評を請うことあり等……。
　このときの教材づくり，教材研究は，私にとって苦しいことではなかった。しかし，30年前，大学を卒業して養護学校の教師になった頃はどうであっただろうか。今振り返ってみると，それは必ずしも楽しいこと

ではなかったと思う。教材研究の結果,ある程度満足の得られる授業もあった。うまくいかなかった授業もあった。教材づくりや教材研究が楽しいと感じられないのは,授業の結果の満足度にもよるが,何を目当てに教材をつくり,どのような視点で教材研究すればよいかが,自分の中に明確になっていなかったからである。

　本書が,そのような目当てや視点を得る一助になれば幸いである。

　あるとき,私の教材づくりをつぶさに見ていた息子が言った。「父さん,なんだか楽しそうだね。」

　なお,「1　特別支援教育の教師の専門性」の7頁～10頁の文章は,雑誌『発達の遅れと教育』573 (5),4～6,2005 に「授業こそ教師の専門性」として発表し,「5　元気のでるひとこと（12カ月）」は,8月と1月の文章を除き,雑誌『実践障害児教育』の4月号（2005）から3月号（2006）まで,毎月「元気が出る今月のよいことば」として連載したものが初出である。他は,本書での書下ろしである。

　あとになりましたが,授業を参観させていただき,多くのことを学ばせていただいた授業者の先生方に感謝申し上げます。
　最後に,本書の出版においても,黎明書房社長の武馬久仁裕さん,編集部の斎藤靖広さんに大変お世話になりました。ここに記してお礼申し上げます。

引用・参考文献

1

- 太田正己編著『障害児のための授業づくりの技法―個別の指導計画から授業研究まで』黎明書房，2000。
- 斎藤喜博『授業入門』国土社，1960。
- 有田和正『教材発掘の基礎技術』明治図書，1987。
- 宮崎直男「創刊のことば」，『障害児の授業研究』第1号，1985，p.4。
- 青木幹勇『生きている授業死んだ授業―授業実践50年』国土社，1983。
- Wolfgang Brezinka, ERZIEHUNG ALS LEBENSHILFE; Eine Einführung in die pädagogische Situation, ERNST KLETT VERLAG, STUTTGART, 1969.
- 高橋健二訳『ゲーテ格言集』新潮社，1992。
- 松坂清俊『障害幼児の発達援助』コレール社，1998。

2

- 太田正己編著『障害児のための個別の指導計画・授業案・授業実践の方法』黎明書房，2003。
- 柴田義松編著『授業と教材研究』有斐閣，1980。
- 宮原修「教材，教具」，細谷俊夫他編『新教育学大事典2』第一法規，1990，pp.438-440。
- 太田正己『普段着でできる授業研究のすすめ―授業批評入門』明治図書，1994。
- 太田正己『自閉症児の育つ学級経営―50の技術と50の名言』文理閣，1992。
- 三木安正『精神薄弱教育の研究』日本文化科学社，1969。
- 渡辺実「山下清君と貼絵」，『精神薄弱児研究』120（9），1968，pp.50-53。
- 中山文雄「精神遅滞児教育における授業分析」，『障害児の授業研究』10，1987，pp.7-8。
- 池田太郎『ふれる・しみいる・わびる教育』北大路書房，1978。
- 箕浦康子編著『フィールドワークの技法と実際―マイクロ・エスノグラフィー入門』ミネルヴァ書房，1999。
- 佐藤郁哉『フィールドワーク―書を持って街へ出よう』新曜社，1993。
- 小杉長平「指導記録」，『精神薄弱児研究』8，1970。
- 大西誠一郎他『観察―心理学実験演習Ⅳ』金子書房，1983。
- 京都市立総合養護学校『個別の包括支援プラン作成マニュアル』，2005。
- 沢田允茂『認識の風景』岩波書店，1978。

- 青木幹勇『生きている授業死んだ授業―授業実践50年』国土社，1983。
- 龍田善樹「校門の外の教室で」,『精神薄弱児研究』120（9），1968，pp.42-47。
- 太田正己『深みのある授業をつくる―イメージで教え，事実で省みる障害児教育』文理閣，1997。
- Annehild Gossel, Der Unterrichtsentwurf, Wir stellen Zwergpuppen nach bildlicher Bastelanleitung her. Zeitschrift für Heilpädagogik, 45 (12), 1994, pp.884-891.
- 横須賀薫『授業研究用語辞典』教育出版，1990。
- 文部省「盲学校・聾学校及び養護学校学習指導要領（平成11年3月）解説―各教科，道徳及び特別活動編―」東洋館出版社，2000。
- 林竹二『授業の成立』著作集7，筑摩書房，1983。
- 有田和正『教材発掘の基礎技術』明治図書，1987。
- 内田伸子『想像力―創造の泉をさぐる』講談社，1994。
- 岡本夏木『幼児期―子どもは世界をどうつかむか』岩波書店，2005。
- 近藤益雄『近藤益雄著作集7』明治図書，1975。
- 太田正己『自分の授業をつくるために―基礎用語から考える』文理閣，2000。

3

- 吉本均『授業をつくる教授学キーワード』明治図書，1989。
- 横須賀薫編『授業研究用語辞典』教育出版，1990。
- 豊田久亀『明治期発問論の研究―授業成立の原点を探る』ミネルヴァ書房，1988。
- 中村重幸「さくら学級『生活単元学習（1，2年）総合的な学習（3年）』活動案」，2004。
- 斎藤喜博『一つの教師論（斎藤喜博全集第一期8）』国土社，1964。
- 浜上薫『発問づくりの技術』明治図書，1994。
- 太田正己『名言と名句に学ぶ障害児の教育と学級づくり・授業づくり』黎明書房，2003。
- 早川透「知的障害養護学校の授業における『共感』の役割―連続する授業の観察を通して」2002年度京都教育大学大学院教育学研究科修士論文，2003。
- 大西忠治『指導言（発問・助言・説明・指示）の理論』明治図書，1991。
- 太田正己他「自閉症児のいる集団での授業の検討（Ⅲ）―わかりやすい教授環境の設定による授業の実践」，京都教育大学教育実践研究年報10，1994，pp.327-335。
- 黒田耕司「説明」,『現代授業研究大事典』明治図書，1987。
- 生澤雅夫他編著『新版K式発達検査法』ナカニシヤ出版，1995。
- 中沢和子『イメージの誕生―0歳からの行動観察』日本放送出版協会，1979。
- 太田正己『深みのある授業をつくる―イメージで教え，事実で省みる障害児教育』文理閣，1997。
- 小川隆雄『障害児の力を引き出す87のツボ』日本文化科学社，1992。
- 太田正己『自分の授業をつくるために―基礎用語から考える』文理閣，2000。

- 北海道立特殊教育センター「情緒障害特殊学級における『学習障害』の状態像を示す児童生徒の特性等の理解と指導に関する一考察」研究紀要第10号，1997，pp.49-92。

4
- 十亀史郎『十亀史郎著作集（上）―自閉症論集』黎明書房，1988。
- 佐々木昭『学習指導案の研究と実際』学文社，1993。
- 宮崎直男『養護学校の授業入門』明治図書，1985。
- 太田正己「ちえ遅れの子どもたちへの俳句の授業―ことばとの出会いを求めて」，『実践国語研究』No.77，1988，pp.90-95。
- 藤原宏「子どもの感性に訴える言語の指導」，『実践国語研究』No.77，1988，pp.102-103。

5
- 龍田善樹「校門の外の教室で」，『精神薄弱児研究』120，1968，pp.42-47。
- 近藤益雄『近藤益雄著作集5』明治図書，1975。
- 佐藤俊雄「あの頃〜創設の頃〜」，『あおぞら』No.69，1992，p.2.
- 遠藤寿一郎「友子と敏明」，『月刊障害児教育』8月号，1978，pp.6-10。
- 藤村美津，伊藤雅子『育児力』筑摩書房，1990。
- 文部省『盲学校，聾学校及び養護学校幼稚部教育要領，小学部・中学部学習指導要領，高等部学習指導要領』大蔵省印刷局，1999。
- 佐藤信淵「教師と子どもが創造する授業のやりがい」，『実践障害児教育』8，1982，pp.17-20。
- 倉橋惣三『育ての心（上）』フレーベル館，1979。
- 坂元彦太郎『倉橋惣三その人と思想』フレーベル館，1990。
- 金子兜太編『現代子ども俳句歳時記』チクマ秀版社，1999。
- 大石坦「授業に参加しない子の指導」，『障害児の授業研究』No.31，1991，p.58。
- 種田山頭火『山頭火随筆集』講談社，2002。
- 依知川裕子他「座談会：フレッシュマンの私のやりがい，そして喜び……」，『実践障害児教育』8月号，1982，pp.36-43。
- 十亀史郎「こころの診察室⑩」朝日新聞1982年1月17日付。
- 俳句文学館編『入門歳時記』角川書店，1983。
- 太田正己『自閉症児の人間像―距離の障害』黎明書房，1979。
- 井村信行「人間・井村でなくっちゃあー」，『実践障害児教育』8月号，1982，p.34。
- 藤井澄江「一本勝負のやりがい」，『実践障害児教育』8月号，1982，pp.4-7。

著者紹介

太田正己

　現在，皇學館大学社会福祉学部教授。京都教育大学名誉教授。元京都教育大学附属養護学校長。中央教育審議会専門委員（特別支援教育）。専門は，障害児教育方法。
　養護学校での十数年の教師経験を経たのち，大学に勤務。障害のある子どもたちの教育やその教育方法について教えている。障害のある子どもたちのいる学級での授業づくりや授業研究の方法の研究が専門で，教育現場に出かけ，授業参観や授業検討会を行い，RPアプローチ法による授業コンサルテーションを行うなど臨床的方法による研究を行っている。また，自閉症や知的障害の子どもたちの教育方法の歴史的研究にも取り組んでいる。

授業づくり，授業研究に関わる主な著書：
『普段着でできる授業研究のすすめ―授業批評入門―』(明治図書，1994年)
『深みのある授業をつくる―イメージで教え，事実で省みる障害児教育―』(文理閣，1997年)
『自分の授業をつくるために―基礎用語から考える―』(文理閣，2000年)
『障害児のための授業づくりの技法―個別の指導計画から授業研究まで―』(黎明書房，2000年)
『自閉症児教育方法史（増補版）』(文理閣，2003年)
『障害児のための個別の指導計画・授業案・授業実践の方法』(黎明書房，2003年)
『名言と名句に学ぶ障害児の教育と学級づくり・授業づくり』(黎明書房，2003年)
『特別支援教育のための授業力を高める方法』(黎明書房，2004年)
『障害児と共につくる楽しい学級活動』(黎明書房，2005年)

特別支援教育の授業づくり46のポイント

2006年7月20日　初版発行

著　者	太田　正己
発行者	武馬　久仁裕
印　刷	株式会社　一誠社
製　本	協栄製本工業株式会社

発　行　所　　株式会社　黎明書房

〒460-0002　名古屋市中区丸の内3-6-27　EBSビル
☎052-962-3045　FAX052-951-9065　振替・00880-1-59001
〒101-0051　東京連絡所・千代田区神田神保町1-32-2
南部ビル302号　☎03-3268-3470

落丁本・乱丁本はお取替します。　　　　　　　　　ISBN4-654-01762-3
©M. Ohta 2006, Printed in Japan